Powerful Interactions®
How to Connect with Children to Extend Their Learning
(Second Edition)

有力的师幼互动
——促进幼儿学习的策略
(原著第二版)

[美] 埃米·L.多姆布罗　　朱迪·贾布朗　　夏洛特·斯特森　著
（Amy Laura Dombro）　（Judy Jablon）　（Charlotte Stetson）

王连江　译

中国轻工业出版社

图书在版编目(CIP)数据

有力的师幼互动:促进幼儿学习的策略:原著第二版/(美)埃米·L.多姆布罗(Amy Laura Dombro),(美)朱迪·贾布朗(Judy Jablon),(美)夏洛特·斯特森 (Charlotte Stetson)著;王连江译.—北京:中国轻工业出版社,2021.12 (2025.2重印)
ISBN 978-7-5184-3459-6

Ⅰ.①有… Ⅱ.①埃… ②朱… ③夏… ④王… Ⅲ.①学前教育-教学研究 Ⅳ.①G612

中国版本图书馆CIP数据核字(2021)第084803号

版权声明

Powerful Interactions®: How to Connect with Children to Extend Their Learning, Second Edition.
Copyright © 2020 by the National Association for the Education of Young Children.
All rights reserved.

保留所有权利。非经中国轻工业出版社"万千教育"书面授权,任何人不得以任何方式(包括但不限于电子、机械、手工或其他尚未被发明或应用的技术手段)复印、拍照、扫描、录音、朗读、存储、发表本书中任何部分或本书全部内容。中国轻工业出版社"万千教育"未授权任何机构提供源自本书内容的电子文件阅览、收听或下载服务。如有此类非法行为,查实必究。

责任编辑:张天怡　　　责任终审:腾炎福
策划编辑:高　君　　　责任校对:刘志颖　　　责任监印:吴维斌

出版发行:中国轻工业出版社(北京鲁谷东街5号,邮编:100040)
印　　刷:三河市双升印务有限公司
经　　销:各地新华书店
版　　次:2025年2月第1版第8次印刷
开　　本:710×1000　1/16　印张:12
字　　数:92千字
书　　号:ISBN 978-7-5184-3459-6　定价:58.00元
读者热线:010-65181109
发行电话:010-85119832　010-85119912
网　　址:http://www.chlip.com.cn　http://www.wqedu.com
电子信箱:1012305542@qq.com
版权所有　侵权必究
如发现图书残缺请拨打读者热线联系调换
242707Y1C108ZYW

译 者 序

在幼儿园生活中，教师和幼儿每天都要进行大量的互动。然而，这些互动有时是自然发生的，有时是匆匆发生的，缺乏目的性；所以互动结果并非都是积极有效的，有时甚至与互动的初衷背道而驰。

为了提高师幼互动的效果，本书提出了"有力的师幼互动"这个概念，即"教师与幼儿进行有意识的、有目的的、文化响应式的交流，这种交流对于幼儿的学习有着显著的、积极的影响"。

为了把日常的师幼互动变成"有力的师幼互动"，本书给出了以下三个步骤。

第一步是"到场"，即稍停片刻，让头脑里的"静态噪声"安静下来，然后准备与幼儿进行互动。

第二步是"与幼儿建立联系"，即观察幼儿的所行、所言、所思中什么是有趣的和有意义的，然后寻找机会向幼儿发出信号，与幼儿建立联系。

第三步是"拓展幼儿的学习"，即不仅要向幼儿示范如何学习，还要以适合幼儿的方式拓展幼儿的思维，深化他们的学习，丰富他们的知识。

本书配以大量生动有趣的案例和图片，详细讲解了这三个步骤，并列出了实现这三个步骤的17种策略，为幼儿教师在实际教育教学中运用这些步骤，提供了细致的指导。此外，在每一种策略的最后，本书还探讨了该种策略可能产生的效果，可谓是一本不可或缺的师幼互动指导书。

本书以原著第二版为蓝本翻译的简体中文版，相较于原著第一版，它在保持了基本框架结构不变的基础上，根据10年来有力的师幼互动的开展效果和教师的反馈，对其中一些内容进行了更新，添加了新的案例故事，融入了幼儿教育工作者对有力的互动的一些深刻见解。此外，书末添加了一个"对话指导"，以支持幼儿教育工作者实施有力的师幼互动。

师幼互动的质量影响了学前教育的质量。在中国学前教育由高速发展向高质量发展的转型过程中，高质量的师幼互动必不可少。衷心希望我们的幼儿教师都能够跟幼儿进行高质量互动，在互动中建立温暖、积极的师幼关系，进而促进幼儿的认知、情感发展！

在此，还要特地感谢中华女子学院附属实验幼儿园（又叫"花草园"）的园长、老师和孩子们，感谢他们为本书提供了精彩的照片，不仅让本书的可读性更强，更让我们直观地了解到有力的师幼互动在实践中的具体样子和强大力量。

王连江

2021年7月

前　言

欢迎你继续来谈一谈每天进行的师幼互动，看看师幼互动具有怎样强大的力量。

你可能在托幼中心、自己的家中、"早期开端计划"项目、学前班的教室里与幼儿互动，你也可能作为一名家庭教育辅导员与幼儿互动。每个幼儿都是独特的，有着不同的经历、语言、文化和能力。无论你在哪种情况下与幼儿互动，这本书都适合你，因为你在其中扮演着重要角色。

对于如何看待幼儿和如何与幼儿互动，你做出的决定非常重要。这些决定将会对幼儿产生影响，影响着他们现在和未来的发展与学习（NAEYC[①]，2019）。

[①] 美国幼儿教育协会的英文简称，其英文全称为"National Association for the Education of Young Children"。——译者注

在撰写本书时，我们倾听、了解了过去 10 年来的师幼互动实践，并进行了反思，结果是令人振奋的。我们和师幼互动的践行者们已经确认，本书第一版提供的"有力的互动"的框架非常适合我们共同谈论和思考像师幼互动这样复杂的事情。践行者们的反馈加深和丰富了本书的内容，反过来也让以后的倾听和了解变得更加容易。

作为第二版，本书更新了一些内容和研究，继续肯定了师幼互动的至关重要性，同时添加了一些新的故事、图片以及践行者们对有力的互动的三个步骤的见解。为了满足大家的一再请求，我们还在书末附加了一个"对话指导"，以支持各种场所中的幼儿教育工作者。

师幼互动的力量

苏联心理学家列维·维果茨基（Lev Vygotsky，1896—1934）第一次阐述了互动与幼儿学习之间的重要联系。他认为，幼儿在与他人共同活动时所进行的社会性互动，对于幼儿如何学习思考、推理和交流起着重要作用，因此与独处相比，幼儿在与成年人或同龄人进行互动时所获得的知识和技能更广泛（Tayler，2015；Vygotsky，1978）。

哈佛大学儿童发展中心（Center on the Developing Child，2016）的一份报告肯定了维果茨基的理论：

> "幼儿是在一个充满关系的环境中成长的。这种环境起于幼儿的家庭，但同时也涉及在幼儿的生活中起着重要作用的其他成年人，如除父母以外的家族成员、婴幼儿照护者、护工、社会工作者、邻居等。这些关系几乎影响了幼儿发展的所有方面，如认知、社会性、情感、身体和行为等。早期这些关系的高质量和稳定性，能够为幼儿以后在多个领域的健康发展奠定基础。"（p.8）

师幼互动，无论是自发的还是有计划的，是仔细思考过的还是即兴发挥的，是个别化的还是适合所有人的，其方式都很关键。近几年来，师幼互动一直是幼儿教育领域热烈讨论的话题。通读本书后你会发现，大量研究都认为，提高师幼互动的质量非常重要。

关于本书

鉴于师幼互动对幼儿的发展和学习有如此重要的作用，我们希望本书能够帮助你停下来缓口气，从局外人的角度，仔细审视你是如何与幼儿互动的。互动是师幼关系的一个重要组成部分。幼教机构要促进"所有幼儿和成人之间的积极关系，以鼓励每个幼儿形成个人价值感和集体归属感，培养每个幼儿成为负责任的集体成员,并有能力为集体做出贡献"(NAEYC,2018,p. 7)。

30多年来,我们与各种背景的儿童早期教育工作者进行交流,也为他们做培训。听他们描述了在了解儿童时所遇到的困难之后,我们编写了《观察的力量》(*The Power of Observation*,1999/2007),该书由朱迪(Judy)、埃米(Amy)与我们的同事兼好朋友马戈·迪希特尔米勒(Margo Dichtelmiller)合著而成。为了帮助教师在观察和教学之间建立更有意义的联系,朱迪、埃米和夏洛特(Charlotte)又编写了《观察:回应式教学的秘诀》(*Observation: The Key to Responsive Teaching*,2007)一书。

本书第一版(2011)进行了进一步的探讨,而现在第二版又在第一版的基础上进行了深化。本书植根于教师的日常生活以及对有效教学和儿童发展的研究,展示了如何通过观察(以及与家长谈话、理解幼儿所处的文化和群体)来了解幼儿,并以此创造一个教与学的最佳机会。这一机会就是我们所说的"有力的互动"。

我们相信，把日常互动变为有力的互动，对幼儿和你来说都大有裨益。幼儿将会更加投入地进行探索、思考和交流，而这种投入将给幼儿带来更大的动力，促使他们学得更好。相应地，你的教学目的会更明确，效果会更显著。作为教师，你也将会（实际上也是）更有成就感。我们相信，伴随着这些成就感，你会获得职业满足感，知道自己在幼儿取得新成就和能力不断提高的过程中发挥着重要作用。

希望本书能成为你日常工作的一部分，希望你每天都能从书中得到一些启发并感到快乐，因为你学到了幼儿教育的新策略。整本书中，我们都留有做笔记的空间，以便你能反思新的理念，记录自己的感悟。也许你会与其他教师一起阅读本书，为提高自己的教学质量进行更广泛的交流。

为了深入实施有力的互动，朱迪、埃米以及肖恩·约翰逊（shaun Johnsen）还编写了《有力的互动辅导》（*Coaching with Powerful Interactions*，2016）一书，以支持培训师、园长与教师进行有力的互动，就像教师与幼儿进行有力的互动一样。

这两本书会对你已经了解的和做得很好的方面予以肯定，同时也邀请你学习一些新的理念和技能并将其付诸实践、与他人分享。在这一过程中，你一定会把一些日常互动变为有力的互动，对于这一点，我们深信不疑！

埃米·劳拉·多姆布罗（Amy Laura Dombro）
朱迪·贾布郎（Judy Jablon）
夏洛特·斯特森（Charlotte Stetson）
2020 年 9 月

目　录

导言　有力的互动　1
　　什么是"有力的互动"　4
　　如何把日常互动变为有力的互动　6
　　有力的互动对你有什么用　8

第一步　到场　13
　　"到场"是什么意思　15
　　快速地进行"自我检查"　18
　　更好地做到"到场"　27
　　对你的教学实践进行反思　29

第二步　与幼儿建立联系　31
　　"与幼儿建立联系"是什么意思　33
　　与幼儿建立联系的7种策略　41
　　　　策略1　慢下来，关注当下　43
　　　　策略2　持续了解幼儿　48
　　　　策略3　倾听幼儿　56
　　　　策略4　让互动适合幼儿的个性化特点　61
　　　　策略5　向幼儿表示尊重　66
　　　　策略6　引导幼儿的行为　71
　　　　策略7　让信任持续加深　79

第三步　拓展幼儿的学习　85

"拓展幼儿的学习"是什么意思　89

拓展幼儿的学习的例子　92

拓展幼儿的学习的十大策略　95

　　策略1　引导幼儿将自己视为思考者　98
　　策略2　对幼儿的好奇做出回应　104
　　策略3　采用镜像对话　109
　　策略4　开展对话　116
　　策略5　鼓励想象性游戏　122
　　策略6　一起解决问题　130
　　策略7　使用丰富的词汇　137
　　策略8　与幼儿一起欢笑　144
　　策略9　提问　151
　　策略10　把新的与熟悉的联系起来　158

你的作用很重要　163

　　能量——让你的能量杯保持充盈　164
　　信心——通过慢镜头回看自己　169
　　结束语　175

对话指导　177

参考文献　180

导言
有力的互动

互动，是指你与他人通过言语和肢体进行交流，尤其是你作为教师与幼儿进行的交流。

每天，你都会以小组的形式或者一对一的形式与幼儿进行无数次互动。在这个过程中，有时，你会做出评论、提出问题、提供信息或给予指导；有时，你可能会赞扬幼儿的努力、提出要求或者纠正幼儿所说的话。你可能给他们一个拥抱或拍拍他们的背，也可能对他们微笑、皱眉或者向他们挥手示意。早上迎接幼儿入园时，下午离园与幼儿说再见时，开展集体活动和小组活动时，组织幼儿进行室内外的学习和游戏时，在过渡环节和一日常规活动中，你都在与幼儿进行互动。

越来越多的专业知识"强调了幼儿教育工作者如何通过与幼儿、幼儿家长、同事建立关系，来促进幼儿的早期学习这一复杂而重要的方式"（NAEYC，2019，p.3）。研究证实，有目的地与幼儿进行互动，对于幼儿了解自己、他人和周围的世界具有重要作用（Hamre et al.，2014）。这意味着，每一次师幼互动对于幼儿感知自己和学习以及他们的学习内容和方式都有潜在的影响。

下面来了解一些对幼儿有积极影响的师幼互动的例子。在这些互动中，你是否看到了自己的影子？

> 早上入园时间，威尔玛老师跟莉拉和她的爷爷打招呼。她面带微笑对莉拉说："早上好，莉拉！我们一直在等你，耶尔和我想请你帮忙剥开这个石榴，看看里面是什么样子的。"莉拉从威尔玛老师的话语里感知到，自己是一个重要的人物。此外，她还听到了一种新水果的名字，而且名字很有趣。

> 罗伯特老师问6个月大的贝丽："现在，你准备好让我把你抱起来换掉湿尿布吗？"罗伯特老师在那里等着，一直等到贝丽伸出了胳膊才俯下身去抱她。从这次对话中，贝丽了解到与其他人的交流是有来有往的。她也学会了怎样让别人明白"我准备好了"，并且知道罗伯特老师正在倾听她。

> 3岁的瑞欧的母语是日语，因此杰克逊老师在迎接他入园时，用日语

同他打招呼。那天晚些时候,杰克逊老师和瑞欧一起坐在沙发上。瑞欧刚刚开始学一些英语单词,因此杰克逊老师非常认真地倾听瑞欧描述自己画的消防车,并把瑞欧的描述写在这幅画最下面的空白处。瑞欧从杰克逊老师那里知道,自己的母语得到了尊重,自己说的话能够被写下来,而且自己的想法很宝贵,被记录了下来。

> 5岁的克里斯托弗在画架上画画,纳希德老师加入进来,她花了几分钟看克里斯托弗在画上添加了一些细节。然后,她更靠近一些,与克里斯托弗一起分享画这只长毛狗的快乐。在这次互动中,克里斯托弗体验着老师对他的作品的兴趣和喜悦。

不幸的是,并非所有的师幼互动都是这样积极有效的。有些互动削弱了幼儿的信心,剥夺了他们探索的乐趣,干扰了他们的学习。在下面这些例子中,你是否看到了自己的影子?

> 当2岁的菲奥娜不断地听到老师说"不要跑""不要摸""嘘——"时,她得到的信息就是自己的兴奋、好奇和说话是不受欢迎的。

> 班迪勒老师迟到了,她只用一句"稍等一会儿"就简单生硬地驳回了5岁的卡拉提出的关于虫子的问题。在她们的快速交流中,卡拉会觉得自己没有受到尊重,自己对虫子的兴趣也不被老师重视。这样一来,当她再次提问时就可能变得犹豫不决。那天晚些时候的区域活动时间,她安静地坐在玩电脑的戴蒙旁边,而没有选择她最喜欢的区域——科学区。

> 4岁的约翰娜每天排队上厕所时,老师都会告诉她:"排好队,保持安静。"于是,约翰娜认为上学很枯燥,而让上学变得有趣的一个方法就是到处闲逛或寻衅打架。

> 洛德丝老师坐在3岁的法里德旁边。法里德刚用一些蓝色的大熊玩具和橙色的小熊玩具拼了一幅图案,洛德丝老师问:"图案中的熊是什么颜色的?"法里德知道所有的颜色,所以他神采飞扬,微笑着回答说是蓝色和红色的。洛德丝老师用不同的方式向他提问,试图引导他

说出橙色。结果，拼摆图案带给法里德的兴奋劲儿没有了，他的笑容消失了，最后他起身推开椅子走了。

师幼互动的质量和目的非常重要，这就是有力的师幼互动的作用所在。

什么是"有力的互动"

教师与幼儿全天都在进行互动，我们称其为"日常互动"。大部分日常互动都很好——温暖、体贴、鼓舞人心（NAEYC，2018）。这些互动有时是自然发生的，有时是匆匆发生的，没有什么目的。幼儿可能从互动中学到些什么，也可能学不到什么。有时，幼儿会学到教师想要教给他们的东西，但有时他们会学到教师计划之外的内容。

> 作为教师，如果我们不能与班级中的幼儿建立安全、信任的联结，就可能对幼儿的发展，特别是他们建立健康关系的能力，产生重大的负面影响。最重要的是，我们对幼儿童年早期的影响会左右他们未来的发展轨迹，包括学业和生活。所有这些都源自我们与幼儿之间关系的质量。（Edge，2019，p. 15）

并不是所有的师幼互动都能够（或者需要）促进幼儿的学习。不过，我们期待大多数互动能将促进幼儿的学习作为目标。研究发现，有目的地促进幼儿学习的师幼互动其实比较少见（Pianta，2010；Pianta，Downer，& Hamre，2016；Zero to Three，2017）。

位于日常互动连续体的另一端的便是我们所说的"有力的互动"，即教师与幼儿进行有意识的、有目的的、文化响应式的交流，这种交流对于幼儿的学习有着显著的、积极的影响。在有力的互动中，教师会有意识地与某一幼儿建立联系，以拓展这个幼儿的学习。

当你决定要跟幼儿说点什么或者为他做点什么，以传达"我注意到你了，我对你很感兴趣，我想更好地了解你"这样的信息时，你正在向幼儿发起有力的互动。这个建立个人联系的时刻，依赖双方之间存在的信任感和安全感。当你们之间是信任的、安全的关系时，幼儿更愿意接受你所提供的指导（NAEYC，2019）。幼儿教育工作者"理解并珍视每个幼儿，视其为具有独特的发展差异、经验、优势、兴趣、能力、挑战和学习品质的个体，并具有做出选择的能力"（NAEYC，2020，p. 12）。

下面这个小故事展现了帕特老师是如何与3岁的乔乔进行有力的互动的。

帕特老师迅速扫视了一遍教室，看看每个人的游戏进展得如何。当她的目光扫过沙桌时，她看到乔乔正在玩一辆自卸卡车玩具。"教室里的气氛非常宁静祥和，到现在为止一上午都很顺利。乔乔独自坐在沙桌旁。此时，与他一对一地互动几分钟，是一个好时机。"帕特老师想。

帕特老师来到沙桌旁蹲下，试着与乔乔建立联系，她说："乔乔，你又在玩自卸卡车啊！我发现你经常玩这辆车，我看到你正在用铲子往车里装沙子。"

乔乔抬头看看帕特老师，笑了笑。他放下铲子，把车推到老师面前。

帕特老师也朝他笑了笑，想："我已经与乔乔建立了良好的联系。我怎么用它来拓展乔乔的学习呢？我想知道，乔乔是否能够解释自卸卡车是怎么工作的。"

于是，帕特老师说："乔乔，你对自卸卡车很了解。昨天我看到一辆自卸卡车，所以想问你一个问题，你能教我自卸卡车是如何工作的吗？"

乔乔指了指卡车一侧的操纵杆。

帕特老师想："他的确知道自卸卡车是怎么工作的，但他没有使用'操纵杆'这个词。我要把这个词教给他。"

帕特老师说："哦，我明白了。要卸沙子，就推一下这个操纵杆。"

乔乔紧接着说："推一下操纵杆。推……用力推！"他抓起老师的手放到操纵杆上。然后，他们一起推下去，沙子就从卡车里被倒了出来。他们"咯咯"地笑了。

然后，他们开始再次给卡车装满沙子。

如何把日常互动变为有力的互动

在短短几分钟内,帕特老师就与乔乔进行了有力的互动。之所以称其为有力的互动,是因为帕特老师注意到了这次交流的机会,并为交流做了准备(NAEYC,2018)。帕特老师与乔乔建立了联系,并通过分享对卡车的共同兴趣,激活和加深了与乔乔之间的关系。同时,她还有意识地介绍了一个有趣的新词来拓展乔乔的学习。在本书末尾,我们将再次与帕特老师相遇,看看当她在教室里与幼儿进行了一天的有力的互动后,有哪些更深入的思考。

你也可以像帕特老师一样,通过三个步骤把一个日常互动变为有力的互动。接下来,我们将观察戴夫老师如何与班里的马库斯进行互动。在这个过程中,三个步骤都一一涉及了。

第一步 到场

当你"到场"时,说明你正处于当下,因此更容易注意到幼儿所做的有趣的、重要的事情。让身体和大脑都慢下来一会儿,这样,你的注意力能够更集中。这种心境可以让你的行动更具目的性,即行动之前,先关注幼儿当下正在做什么、你有怎样的感受,以及你想达成什么目标。这一步(到场)需要你反思自己的信念、价值观和可能带有的偏见,这些东西决定着你如何关注每个幼儿。有目的性意味着你需要考虑在互动中说什么、做什么,才会对那个幼儿最有效。

> 戴夫老师时刻留意着所有幼儿的举动,所以才观察到马库斯在玩拼图。在与马库斯进行有力的互动之前,戴夫老师先整理了一下自己的思绪。

第二步 与幼儿建立联系

你可以通过让幼儿知道你看到了他们、对他们感兴趣、知道他们是谁、想要花时间与他们互动等,来认可和肯定他们(NAEYC,2019)。你认识到,"积极的、关爱的、支持性的关系和互动,是幼儿教师与幼儿一起工作的基础"（NAEYC，2020，p. 10）。通过这种方式与幼儿建立联系，可以唤醒你之前与幼儿积极互动而形成的信任感和安全感。随着你与幼儿之间关系的不断加深，他们会更有信心，注意力更集中，更乐于向你学习。

积极的师幼关系为幼儿的探索和学习打下了基础（NAEYC，2018）。这种关系还能增强幼儿对学习的投入程度，提高他们的学业成就（Center on the Developing Child，2016；Gallagher & Mayer，2008）。

> 戴夫老师来到马库斯的桌旁，马库斯抬头和戴夫老师的眼睛对视，这表明他们之间已经建立了联系，并且正在巩固之前已经形成的积极关系。戴夫老师对马库斯的拼图游戏表现出兴趣，这进一步增强了他与马库斯的关系。

第三步　拓展幼儿的学习

你在培养与幼儿之间的积极关系，并拓展幼儿的知识、增强其理解力的同时，也为自己的教学和幼儿的学习创造了最佳时机（McNally & Slutsky，2017；NIEER，2017）。在进行有力的互动的短短几分钟内，幼儿会愿意接受你教给他们的新知识，你鼓励他们尝试的新东西和新的思维方式，你示范的语言，你介绍的有趣的新词汇，以及你给予他们的其他的学习可能性。

> 为了拓展马库斯的学习，戴夫老师决定采用镜像对话来描述马库斯正在做的事情："我注意到你的策略是从角落开始拼。"他向马库斯介绍了一个新词——"策略"。

累积效应

有力的互动的这三步是累积性的，即后一步是以前一步为基础的。第一步，暂停一会儿，做到到场。只有在这种内在的心境中，你才能决定实施第二步，即选择要说什么和做什么，以便与幼儿建立联系。到场并建立联系后，你就可以实施第三步，即选择和使用一种教学策略来拓展幼儿的学习。三个步骤中的每一步都是让幼儿投入活动的有效方法，其本身就是有价值的。当三个步骤结合到一起时，就形成了有力的互动。

本书分别详细阐述了这三个步骤，以帮助你理解每一步的重要性。当你经过多次练习，轻松自如地与幼儿进行有力的互动时，你就能从上一步自然地迈向下一步。如果你能够通过慢镜头即时回放这段过程，那么你就会发现，每一步都可以与其他步骤分开来看（在本书最后"你的作用很重要"这一部分，我们将会采用即时回放这一方法）。

然而，在实际生活中，随着有力的互动的展开，这三个步骤往往会非常快地发生。比如，帕特老师与乔乔的有力的互动，或戴夫老师与马库斯的有力的互动，整个过程可能只持续了两三分钟。

有力的互动对你有什么用

很明显，有力的互动对幼儿大有裨益。你将会发现，幼儿因为与你有了更加深厚的关系而茁壮成长。他们的自信心会增强，投入度和积极性会提高，最终会成为更成功的学习者。

我们相信，你也将逐渐看到有力的互动给你带来的积极影响。只需要把一些日常的互动变为有力的互动，你的教学就会更有效，你的工作就能得到更大的回报。下面是预期会带来的一些益处。

> **你与幼儿的互动更具目的性**。实施有力的互动的三个步骤（到场、与幼儿建立联系、拓展幼儿的学习），能够帮助你对于要说什么和采取什么行动做出更具目的性的决定。在有力的互动中，你会缜密地思考，保持警觉，时刻注意你自身、你的情感、你的无意识的偏见和假设以及你的动作、言语等。在有力的互动中，幼儿的个体差异、幼儿的典型发展特点，以及幼儿在自己的文化、语言、种族身份、性别、能力和缺陷、经济阶层和其他因素影响下所形成的独特发展特点等，都应予以考虑。你会在思考后慎重地做出回应，而不是凭直觉做出反应。这样，你就能够更有效地支持幼儿的学习，因为你能够预测你对幼儿的影响，以及幼儿对你的影响（NAEYC，2019，2020）。

自从你向我们介绍了有力的互动后，我和助教老师发现，我们的教学变得有目的了，而不是随心所欲。现在，我们更深入地了解了幼儿个体的发展情况，并能够以适合该幼儿的方式做出回应。

——幼儿教师　科琳

> **你的指导将更加个别化**。在有力的互动中，你聚焦于幼儿个体。你在观察某个幼儿正在做什么时，也在考虑你对他的家庭和文化了解多少，进而提供指导来满足幼儿那一刻的需求。伴随着有力的互动的展开，你能够看到自己的指导是否有效。如果无效，你可以及时做出相应的调整，比如，换一个词语，提出一项新的挑战，帮助幼儿把新知识与熟悉的事物联系起来，提供另外一种材料，等等。你正在使用一种高效的方式，让自己的指导变得个别化。

（有目的的教师）都储备了一系列指导策略，并知道什么时候该使用哪个策略来适应幼儿个体的不同学习方式，以及他们具体学习的内容。（Epstein，2014，p. 7）

> **你的班级氛围将会得到改善**。有力的互动加深了你与幼儿之间的亲密关系。你通过引导幼儿注意同伴的需求、经验和情绪，以及在游戏中积极地提供支持和鹰架，增强了幼儿的同伴关系（Acar, Hong, & Wu, 2017; Shim & Lim, 2019）。在这种和谐的氛围中，幼儿变得更加友善。他们的行为问题减少了，会把更多的时间投入学习中（Hamre et al., 2014; NAEYC, 2018; Vick Whittaker & Jones Harden, 2010）。

我们班上的氛围变得更加轻松了，幼儿不再像以往那样争着引起我的注意。他们现在对我与他们的互动很满意，因为我更加专注地与他们在一起。我是真的在与他们交谈，而不是仅仅给出"做得不错"这样的评论。

——幼儿教师　达丽思

> **你与幼儿家长的合作关系将会加深**。有力的互动,让你能够去观察幼儿获得新发现、练习新技能的过程。这些观察,反过来会促使你学会"发挥家长在幼儿的发展和学习中的重要作用"(NAEYC,2019,p.8)。你可以跟幼儿家长分享有关幼儿的精彩的、个别化的、具体的故事和信息,也可以听到幼儿在家里的兴趣和技能,更多地了解到家长对孩子的希望和期待。这些分享有助于教师和家长更有效地合作(NAEYC,2018)。

" 我对幼儿的家长越来越好奇。我把更多的时间花在问问题和倾听上,而不是告诉家长我认为他们需要做什么。我与幼儿家长之间变得越来越相互信任,我与他们有了更多的交流。

——托班教师 伊娃

> **你的教学实践将变得更充实,更快乐**。有力的互动,让你和你的教学充满活力。当你学会把阻碍"到场"的心理干扰消除后(下一章将进

一步探讨），你就具备了真正观察幼儿、与幼儿待在一起的能力。当幼儿逐渐把自己的长处、兴趣和个性展现给你时，你与他们的有力互动就成为值得记住的"高光时刻"。随着时间的推移，当你养成了与幼儿进行有力的互动的习惯后，这些建立联系和有效教学的时刻以及它们带给你的快乐和自豪感会越来越多。

当我意识到我的目标是每天只需要和4个幼儿进行有力的互动后，我放松了下来，不再感到匆匆忙忙。我与幼儿进行的第一次有力互动发生在上午，我发现自己很享受与那个幼儿的一对一互动——是真的很享受！那天，在与其他3个幼儿互动时，我也感受到了同样的兴奋，最后结束的时候我给了他们大大的拥抱。我想，幼儿看到了我的快乐，看到我真的非常珍视我们之间的对话，他们似乎敞开了心扉，展示了更多的自己……现在，我对每一天都很期待，迫不及待地想要坐下来与幼儿交谈，看看我能从他们那里学到些什么，了解他们些什么。

——幼儿教师　达琳

随着你对本书的深入阅读，你将会找到把日常的师幼互动变为有力的师幼互动的所有必要信息。你将会发现，到场、与幼儿建立联系和拓展幼儿的学习这三步都需要使用哪些策略。对你来说，有些策略可能很熟悉，它们只是在强化你已经在做的事情；有些策略则是新策略，能够将你的教学引入令人兴奋的新方向。

本书中，你也将读到许多故事，故事中的教师利用有力的互动使自己的指导变得更加个性化，以适应每个幼儿的长处、兴趣、需求和能力。像他们一样，你很快就能认识到，有力的互动会给幼儿的生活及其家庭带来积极的影响……同样，也会对你的教师生涯产生积极的影响。

我们相信，你一定会享受这个过程的！

第一步
到场

慢下来停留一会儿,以便有目的地与幼儿互动

阅读本章时,停下来思考一下。

把你想添加到教学实践中的点子和策略简要地记下来。

你是否感到头脑里充斥着各种事物，使你几乎听不到自己思考的声音？我们把头脑中的这些事物称为"静态噪声"。它们就像通信信号不好时，电话或其他设备里令人烦恼的噪声，让人很难聚精会神。当你试图专注于当下时，静态噪声能够使你发狂！静态噪声无处不在，家中和教室都有。它影响着我们所有人，尤其是当有太多的人和事需要我们立即关注时！幼儿园环境是繁忙、嘈杂的，你既要兼顾多项任务，又要应付眼前的当务之急。这就难怪你头脑中的静态噪声如此之大，以致你未经深思熟虑，未曾想好要说什么、做什么以及为什么这么说、这么做，便与幼儿进行日常互动。

要把一些日常互动变为有力的互动，首先你应该让自己头脑里的静态噪声安静下来。静态噪声会干扰你与幼儿开展有力的互动，因为它们会让你分心，使你难以有条理地思考。静态噪声会干扰你唤醒并利用你的个性特点和教学经验、你对集体中每个幼儿的了解，以及你对幼儿典型发展特点和学习方式的已有认知。静态噪声会阻碍你去感受，让你很难集中注意力，进而很难做到"到场"。让静态噪声安静下来，就是集中精神，意识到自己的心理状态和自己正在做什么。

"到场"是什么意思

要想进行有力的互动，无论它是持续1分钟还是5分钟，第一步要做的就是到场。到场的意思是稍停片刻，让头脑里的静态噪声安静下来，然后准备与幼儿进行互动。只有让头脑安静下来，你才能进行思考，才能放下偏见和假设（这些偏见和假设会妨碍你看清幼儿是谁，以及他们在每个新的时刻会带来些什么），才能集中注意力，才能决定如何做出有目的的回应，而不是简单随意地做出反应。稍停片刻，会让你的心境明朗，以便在与幼儿进行有力的互动时目的更明确。这种心境有助于你更好地支持每个幼儿。

> 幼儿教育工作者在与幼儿及其家长互动时，对于因自己的偏见而带来的任何负面影响，都要说明并担负起责任。这样做，可以示范谦逊的态度和学习的意愿。要努力确保所有的幼儿都有平等的机会享用学习环

境、学习材料,并获得应有的师幼互动和幼幼互动,从而茁壮成长。幼儿教育工作者要能够识别并支持每个幼儿的长处,并通过个人和集体反思来避免外显或内隐的偏见。(NAEYC,2019,p.3)

(1)**到场意味着让你头脑里的静态噪声安静下来**。你要让自己完全专注于当下。你不要关注自己1秒钟之前在做什么,也不要关注明天需要做什么,你只需要考虑当下。当你头脑里的静态噪声安静下来后,你就能将那些干扰你清晰思考的情绪抛之脑后。你是否仍然为早餐时发生的事情而恼火?你是否在为今天晚些时候要召开的家长会而焦虑?你的感受和情绪会影响你在互动中要说什么和做什么。当清除了头脑里的静态噪声后,你就可以全身心地关注幼儿,更好地控制你的言语和行动。

 是什么导致了你头脑里的静态噪声?

(2)**到场意味着用片刻时间来思考和准备**。当你思维清晰时,你就能够利用你对自己、对幼儿的了解,考虑如何使互动获得成功。有力的互动需要你和幼儿之间"恰好匹配"。在之前与这个幼儿的互动中,什么起了很好的作用?什么成了阻碍?你是否因自身的偏见而给你的言行带来积极或消极的影响？也许你已经认识到，你自身有些问题使你很难与幼儿和谐相处。你对自己越诚实，与幼儿互动时的效果就越好。

你可能想知道，到场为什么这么重要？因为幼儿有一种神奇的能力，他们能够读懂生活中重要的成年人。他们能够读懂你的声音、你的面部表情、你的行为背后的意思。他们知道你什么时候是真诚的，什么时候是不真诚的。他们知道你什么时候容易发怒和走神，什么时候专心地与他们在一起。你根本骗不了他们！这就是为什么"如何跟幼儿相处与你做什么同等重要"（Pawl & St. John，1998，p. 3）。

当你专注于当下并意识到自己的感受和偏见时，你就能使自己的言行更有目的性。你会精心准备下一刻说话和做事的方式，以便对幼儿发挥最佳的效用。这样，在有力的互动的第二步（与幼儿建立联系）和第三步（拓展幼儿的学习）中，你就能更有目的地做出决定。

让我们看一看下面这个案例，朱莉娅是一位幼儿教师，她先是稍停片刻做到到场，然后准备进行有力的互动。

现在是朱莉娅老师所在班级的区域活动时间，她的脑海中飞速闪过过去30分钟内所做的事情：保证所有的幼儿都有操作材料、控制活动节奏、让每个幼儿都能安心地活动。当她在教室里巡视时，她注意到5岁的哈基姆正在拼拼图。

朱莉娅老师停顿了几秒，心想："我一直都在习惯性地做事，为了与哈基姆建立联系，我需要暂停一下，与他'同频'。当我拼拼图的时候，我一下子就拼好了，哈基姆却在研究每一个拼块。我不知道他为什么使用这种方法，但也许这是我还没有领略过的他的一个特长吧！我知道自己容易变得很不耐烦。这次我能不能耐心一些，以便和他进行一次有力的互动呢？"朱莉娅老师深深地吸了一口气，让自己的面部表情和肩部都放松下来。"我一定能够做到这一点。"想到这儿，她走过去坐到哈基姆旁边。

朱莉娅老师整理了一下思绪，反思了自己的个性特点，又考虑到哈基姆的行为，然后决定进行一次有力的互动。

正如你所看到的，到场对有力的师幼互动非常重要。现在让我们思考一下，怎样才能做到真正到场。

快速地进行"自我检查"

要想做到到场并为有力的互动做好准备，你需要停下来，深呼吸片刻，并思考以下两个问题。

> **我能使大脑里的静态噪声安静下来吗？** 在上面的案例中，朱莉娅老师认识到自己一直在习惯性地做事，她的思绪飞转，大脑中充斥着各种噪声。她只是暂停1秒来思考自己的感受，就让自己平静了下来，减少了一些静态噪声。

> **我需要调整自己以便与这个幼儿建立联系吗？如果需要，我应该怎么做呢？** 朱莉娅老师回顾了自己以往与哈基姆的互动。她知道，她与哈基姆的"工作"风格不同，二者是相冲突的，她对哈基姆的"工作"方式会感到不耐烦，而且这种不耐烦会表现在自己的肢体和声调上，进而削弱她与哈基姆互动的有效性。她知道，作为成年人和教师，她必须改变自己对哈基姆的不耐烦态度，并且调整与哈基姆的相处方式。只有这样，他们才能进行有力的互动！

问自己这两个问题，就是我们所说的"自我检查"。首先，要让大脑里的静态噪声安静下来，这样你才能思路清晰。然后，你就可以对幼儿和自己进行反思。这样，你能够就如何回应幼儿的需求做出更慎重的决定，而不是对幼儿的行为、个性或你自己的需求下意识地做出反应。一旦你掌握了窍门，"自我检查"连1分钟都用不了。

对"自我检查"涉及的这两个问题进行深入思考，有助于你有效地理解和使用它们。

自我检查——"我能使大脑里的静态噪声安静下来吗?"

本章开头,你了解了一些导致静态噪声的因素。一天当中,你的静态噪声水平可能会发生变化:有时静态噪声会很大,有时静态噪声会小一些。在某一刻,你的静态噪声水平可能很低,或许是因为有个幼儿给你讲了一个笑话,让你感到很放松、很快乐,抑或是因为你与幼儿一起尝试了一项新活动而感到很兴奋。在另一刻,你的静态噪声水平可能很高,或许是因为你很紧张、劳累,而且你还不得不再次提醒卡门"每天只能喂一次鱼"。

下面来听听一些教师是如何让自己的静态噪声安静下来的:

> "我会深呼吸几次,然后向窗外眺望。"
> "我想象着把脑海里的所有事情都写在一张待办事项清单上,这样我就能够将注意力全部集中在这个幼儿身上。"
> "我在脑海中勾勒出一个'静态噪声测量仪',如果它显示的数值很高,我就知道必须要做出额外的努力让自己平静下来——我也确实这样做了。"
> "我和同班教师每天都会相互检查彼此的静态噪声水平。昨天,她的静态噪声水平很高,所以,我建议她带领几个孩子到室外走走。这样做对她很有效,她的内心变得平静了,我也是。"

有时,你大脑中的静态噪声太大,或许是因为班级或者个人生活中有太多的事情需要你处理,导致你很难立刻静下心来。此时,决定不与幼儿进行有力的互动,是一个极其明智的决定。而在其他时候,你可能需要有意识地做出努力,把干扰你到场的一些因素全部抛开。当然,做到这一点并不容易,但这是教师专业素养的一部分。

意识到你的静态噪声有多大以及它们来自哪里,将更容易让你静下心来。它反过来又会让你做到到场,从而使有力的互动成为可能。

你知道吗

情绪智力（Emotional Intelligence）是指识别并准确理解自己和他人的情绪的能力，包括使用情绪做出积极的决策，以及反思和管控情绪以促进情绪和智力发展的能力（Kremenitzer，2005）。拥有情绪智力，有助于你知道自己的哪种情绪能够支持幼儿的学习和发展，哪种情绪要被弃置一旁（比如，由于错过公交车或赶时间备明天的课而产生的焦虑情绪）。

自我检查——"我需要调整自己以便与这个幼儿建立联系吗？如果需要，我应该怎么做呢？"

自我检查涉及的第二个问题是反思你和幼儿的个性特点——气质（性情），偏好和兴趣，以及文化和社会身份。当你反思以往的师幼互动时，要保持开放的心灵，探寻是否有内隐的偏见。哪些起作用了？哪些没起作用？你曾经做过什么来完善幼儿的存在方式？你需要对自己的行为方式稍做调整以适合这个幼儿，同时使这次互动变得更快乐、更有成效吗？

作为成年人，我们经常会做一些心理上的调整，以适应家人、朋友和同事。有时，我们甚至意识不到自己正在这样做。比如，当你的孩子给你讲了一个笑话时，你会微笑着分享他的快乐，尽管你觉得自己已经听了不下50遍。再比如，当你走进教工办公室，发现某位教师有点烦躁时，你可能决定不像平时那样说个不停，或者把当天早上木偶制作活动带给你的兴奋劲压抑下来，和那位教师打招呼时更有分寸一些。

当我们与其他成年人互动时，我们会期待对方也能够承担一些责任，调整自己来适应我们。理想的情况是，成年人双方都能够改变各自的言行，以便彼此间建立联系。当然，有时候，一方会比另一方调整得多一些，这就是有来有往的有效互动的一部分。

然而，当与幼儿进行互动时，如果想让这个互动成为有力的互动，那么，你作为教师就要率先调整自己来适应幼儿。思考一下你和幼儿在哪些方面有所不同，这对你很有帮助。让我们看看其中的一些不同。

气质

气质是指一个人的天性，它能够影响行为。有些人把气质称作一个人的"存在方式"，它是一个人的核心特质。有时候，你的气质与幼儿的气质非常契合；但有时候，你们彼此间的气质不契合，这会阻碍有力的互动的进行。

在准备与瑞安进行有力的互动时，雷玛老师反思了她与瑞安在气质上的不同。

5岁的瑞安在书写区活动，雷玛老师打算参与其中。在让大脑里的静态噪声安静下来之后，雷玛老师回顾了之前与瑞安的互动经历。她想："精心安排、做事有条理是我的风格，但与瑞安的风格完全不同。瑞安会突然从座位上跳起来，飞奔到图书区寻找书中的一张图片。上1分钟他还在使用记号笔，下1分钟他就开始使用彩色铅笔了。以往，我总认为他注意力不集中，甚至是在调皮捣蛋。然而，那些只是他的气质特点。他的气质与我的气质不同——没有好坏之分，只是不同而已。我需要记住的是，瑞安只是在做他自己，他不必非得像我一样行事。我要接纳他的气质特点，欣赏他的努力，甚至微笑着面对，与他建立联系。"

我们所有人，生来就拥有自己的方式来与人、物体、场所等进行互动。尽管我们不会一直以同样的方式做出回应，但是研究人员已经发现了三种基本的气质类型（Chess & Thomas, 1996; Shiner et al., 2012）。

> 随和型或灵活型。
> 慢热型或小心谨慎型。
> 热情型或活跃型。

你属于哪一种呢？

气质

你如何描述自己的气质特点？如何描述班级中某个幼儿的气质特点？为了与幼儿进行有力的互动，你需要对哪些方面做出调整？

偏好和兴趣

你的个人偏好和兴趣既会影响你对幼儿的反应，也会影响你参与他们的工作和游戏的意愿。你对自己了解得越多——你喜欢什么和不喜欢什么，你与幼儿建立联系时就越灵活。注意看，下面案例中的艾丽斯老师是如何利用"自我检查"找到与路易莎相契合的方法的。

4岁的路易莎正在戏剧游戏区游戏，在加入她的游戏之前，艾丽斯老师用了片刻时间使大脑中的静态噪声安静下来，做到到场。她想："我已经好几天没有和路易莎进行有力的互动了。我猜，这是因为她总是选择戏剧游戏区，而我并不喜欢把时间花在这个区域。但我知道，戏剧游戏区是拓展儿童语言的一个完美场所，因此我要把心思放在那里，过去看看她在玩什么。"

是否有一些东西是班中的幼儿感兴趣而非你喜欢的，从而给你们的有力互动制造了障碍呢？也许你所在的班级中有一个幼儿很喜欢昆虫，当他把在操场上找到的虫子拿到你面前时，你却被吓到了。如果你能放下不适的感觉，一同分享他的快乐，也许你就能够与他进行有力的互动，并拓展他的学习。

就像上述案例中艾丽斯老师所做的那样,你可能不得不促使自己变得灵活一些,以便与幼儿建立联系。

偏好和兴趣

在艾丽斯老师的故事中,你是否看到了自己的影子?是否有一些东西是你班级中的幼儿感兴趣而非你喜欢的,从而给你们的有力互动带来了挑战呢?

文化和社会身份

对自己、他人和周围的世界,我们每个人都有一套自己的信念、态度、假设、偏见和期望,其中有一些就连我们自己也没有意识到(Kucharczyk, Sreckovic, & Schultz, 2019)。这些信念和态度受多种因素影响,包括:我们的家庭、社区、语言、传统、经济阶层、性别身份、种族、宗教,以及我们对这些影响的回应(Derman-Sparks & Edwards with Goins, 2020; NAEYC, 2019)。这些因素(还有更多)构建了我们的文化和社会身份。而文化和社会身份连同我们的气质、偏好和兴趣,一起造就了现在的我们。

我们的文化和社会背景,会通过我们与他人交流的方式、做出的评判、对他人的回应等反映出来。我们并不会用相同的方式看待世界、社会和他人。但是,为了让彼此间建立关系,我们不得不探寻我们自身或者另一方身上某种内在的东西作为建立积极联系的起点。在下面这个例子中,迪尔克斯老师努力解决她的文化信仰可能对师幼互动造成干扰这一难题。

迪尔克斯是一位一年级教师,她注意到伊丽莎白正在画一幅画来描述她周末是如何度过的。她发现,伊丽莎白的画上包含一些宗教符号。迪尔克斯老师停下片刻,让大脑里的静态噪声安静下来,并考虑要做哪些调整,以便与伊丽莎白建立积极的联系。她回忆了以往与伊丽莎白进行的一些互动,心想:"伊丽莎白描绘的故事经常涉及宗教内容,她急切地想要跟大家分享她的家庭信仰。但因为我的家庭背景与她的不同,所以我对此感到有点不舒服。这导致我难以与她建立联系。我想,我的偏见阻碍了我对伊丽莎白敞开心扉,我需要接受我们之间的差异。这次我要放下评判,以开放的态度与她进行互动。我要满怀好奇地倾听她对自己画作的描述,以便更多地了解她。"

你知道吗

你是否听说过这样的表述——"穿上我的鞋走几步"或"通过她的眼睛看世界"?这被称为换位思考(观点采择),它是幼儿长大成人所必需的生活技能(Galinsky,2010)。换位思考包括弄清楚别人的想法和感受,以及考虑别人想要什么和需要什么(Galinsky & Gardner,2016)。

幼儿教育专家正在研究,"换位思考"这一技能对于幼儿教师进行有效的教学有多么重要。教师向幼儿示范这一技能同样很重要。当你到场并进行了自我检查后,你就准备好了通过幼儿的眼睛看他们的经历。

接下来,景西尔老师分享了一个案例,表明在与幼儿互动时,即使最基本的假设也会受到挑战。

3岁的迪尔来自印度古吉拉特邦,他刚刚转入景西尔老师的班上。迪尔和他的家人几乎不会说英语。最初几周,景西尔老师和助教汤姆注意到,迪尔在洗手间里的时间比大多数幼儿都长。卫生间有帘子保护隐私,但帘子并没有完全垂到地面。一天,景西尔老师注意到迪尔的衬衫、鞋子、裤子、袜子和内衣都在地板上,她意识到在这段时间,迪尔一直是脱下所有的衣服后,再蹲到马桶座上如厕的。景西尔老师和汤姆担心迪尔会从马桶上掉下来。

通过与迪尔的家人交谈和做一些调查,景西尔老师和汤姆了解到迪尔习惯使用蹲厕。为了保持衣服干净,迪尔如厕时会把所有衣服都脱掉。在接下来的几个月里,景西尔老师和汤姆帮助迪尔明白,在幼儿园里,他可以穿着衣服坐在马桶上。迪尔把他想上厕所时会使用的词语——chee chee,教给老师。然后,他们一起商量好,当迪尔要上厕所时,他就拽拽老师的衣服让老师知道。多亏了迪尔和他的家人,景西尔老师和汤姆认识到,他们之前是多么想当然地认为幼儿知道什么和该做什么。现在,他们更倾向于考虑幼儿所处的文化对他们的影响。

下面的例子展示了一位教师如何利用他对双语学习者的了解,欢迎家长参与幼儿园教育,从而加强了与幼儿的关系。

迈克尔老师注意到,当孩子们在圆圈时间轮流回答问题时,瓦莱里娅经常低着头,看起来很困惑。了解到她的母语是西班牙语后,迈克尔老师决定试着用西班牙语再问她一遍问题。当他这样做的时候,瓦莱里娅把头抬起来,眼里闪着亮光。她思考了片刻后,用英语做了回答。

那天下午离园时间,当瓦莱里娅的妈妈来接她时,迈克尔老师向她讲了这件事。迈克尔老师发现,这位妈妈每天早上都用手机把当天的问题翻译成西班牙语给女儿听。于是,迈克尔老师开始把每周的教案都翻译成西班牙语,然后打印一份给她。从这以后,瓦莱里娅的妈妈每天早上送女儿来上幼儿园时看起来放松多了,她用西班牙语和瓦莱里娅谈论当天的问题。

迈克尔老师反思道:"当瓦莱里娅的妈妈越来越放松后,瓦莱里娅也越来越自在了。瓦莱里娅给我讲了她的小狗,也开始和其他孩子一起玩游戏了。我运用西班牙语增进了和瓦莱里娅妈妈的关系,同时也加强了与瓦莱里娅的关系。这是我要记住的一点。"

上述案例中的几位教师都直面了他们与幼儿不太契合的方面。"自我检查"涉及的第二个问题要求你思考在以往的互动中自己对幼儿的了解，以及如何做出调整，才能与这个幼儿进行有力的互动。当与幼儿互动时，成年人应承担起主动做出调整的责任。要想与幼儿成功地进行有力的互动，你必须具有深刻的洞察力和主动调整的意愿！

支持多样化的学习者

每个幼儿都有自己的学习优势、需求和能力，他们以不同的速度、不同的学习方式持续向前发展。虽然幼儿的发展是不均衡的，但大多数幼儿都处于一个典型的发展范围。不过，有些幼儿的发展会超出这个范围。有些幼儿在某些或所有领域的发展速度都可能慢于同龄人，这可能意味着学习对他们来说更具挑战性。而有些幼儿在某些或所有学习领域的发展都更快，表现出独特的优势和兴趣。

教师和家长可以为这些幼儿设定个性化的学习目标，聚焦于特定的技能。当教师有意识地创造机会，让幼儿通过有力的互动练习特定的技能时，日常的班级生活就会产生有意义的学习。

在有力的互动的第一步（到场），思考一下幼儿的优势和你想要支持的特定技能。让我们一起看看下面这个例子。

患有自闭症的 3 岁儿童杰瑞琳喜欢一个人玩耍，对身边的大人和小孩毫不在意。莉萨老师和杰瑞琳的家人以及一名心理治疗师，一起制定了提高杰瑞琳的共同注意力（joint attention）这一目标。对大多数幼儿来说，这种与他人分享注意的技能是在日常互动中自然发展的。

集体活动时间，杰瑞琳通常独自玩耍。这天，在知道杰瑞琳喜欢看奶牛的照片后，莉萨老师选择了大开本图画书《咔嗒，咔嗒，哞！奶牛会打字》[①]，供全班幼儿阅读。同时，莉萨老师把一本小开本的《咔嗒，咔嗒，哞！奶牛会打字》放在杰瑞琳的桌子上，并给了她两块奶牛形状的橡皮，让

[①] 该书的简体中文版由接力出版社于 2019 年出版。——译者注

她在阅读时玩耍。当莉萨老师给大家读到"奶牛"和"哞"这两个词时,杰瑞琳站了起来,走到坐在地毯上的其他孩子身后。她被莉萨老师的话、声音以及页面上的一张奶牛图片吸引了。助教阿诺特坐在杰瑞琳旁边的地板上,这促使杰瑞琳也坐了下来。杰瑞琳说:"哞!"当莉萨老师继续给大家读书时,阿诺特老师指着那本书,对杰瑞琳说:"看,还有一头奶牛。"杰瑞琳也指着那本书。整个故事阅读期间,杰瑞琳不时地说"哞"和"奶牛",并有好几次转向阿诺特老师,然后又把目光移回到书上。杰瑞琳每说一句话,每指一次书,阿诺特老师都会模仿。杰瑞琳知道自己受到了关注。阿诺特老师的到场和有意回应让杰瑞琳知道,阿诺特老师和她有共同的兴趣。两位教师通过有目的的合作,鹰架杰瑞琳维持共同注意以及练习一来一往的交流技能,同时全班幼儿有了一次充实的阅读经历。

文化和社会身份

回忆一下,你的文化或社会身份(即语言、背景、所属多元文化和社会群体的信仰、种族、性别,等等)何时曾帮助你与幼儿建立联系?假设或偏见何时曾妨碍你与幼儿建立联系?

更好地做到"到场"

以下是我们与同事的一些见解,可以帮助你更好地做到"到场"。

(1)做几次深呼吸。这个简单的动作通常是有效的第一步。

> 真正做到"到场",是最具挑战性的任务。我们需要依靠自己和与我们互动的人来找到真正"到场"的方法。为了准备好"到场",我会经常有意识地做一次深呼吸,然后提醒自己,除非我能做到"到场",否则我无法与幼儿建立联系和拓展他们的学习。
>
> ——幼儿教育培训师　杰茜卡

（2）**快速"扫描"一下身体**。你身体的哪个部位呈现出紧张感或其他的负面情绪？是你的肩膀、脖子还是下巴？看看你是否能够消除紧张感。快速舒展一下身体，可能有效。

（3）**使用"真诚"的声音**。如果你没有给予幼儿全身心的关注，或者你的感情不真诚，那么即使年龄最小的幼儿，也能够感知到。不要用"老师"的口吻说话，要把幼儿作为个体加以关注，并和他对话。

（4）**把脑海中闪过的想法快速记下来**。捕捉脑海中的想法并记下来，有助于你理清思绪。

> 待办事项清单经常使我们的大脑陷于忙碌，干扰我们专注于当下。如果你发现自己的思维正在高速运转，那么就把一些想法快速记录下来，这样你就可以专注于正在发生的事情。记录时，你也可以使用智能手机上的录音功能。
>
> ——婴幼儿教师　阿格尼丝

（5）**把环境布置得舒适、温馨**。确保有舒适的地方可以让你坐下来，与成年人和幼儿待在一起。你也可以在教室内挂一张图片，让你可以时常回想起曾经感到快乐和放松的某一段时光或者某一个场所。

（6）**与一位信任的朋友或同事交流**。与他谈论自我检查中涉及的两个问题，讨论你对这两个问题的不同回答。有时候，你需要调整自己的态度、行为和思维，才能与幼儿建立积极的联系；反思一下自己所采取的调整方法。

审视现实

一直积极投入地对待班级中的每一个幼儿，这是不可能的。在决定是否进行有力的互动之前，先做一个"自我检查"，让你有片刻时间慢下来，从而认识到那些阻碍你与幼儿真诚互动的因素，并问问自己："我能把这些因素暂时搁置一旁，不考虑它们吗？"如果你的回答经常是"不能"，那就说明你本身有些问题需要进一步探索。

对你的教学实践进行反思

当你有以下表现时，你就知道自己开始能够做到到场了。

> 更了解自己日常生活中的静态噪声，以及它是如何干扰你观察幼儿和清晰地思考的。

> 进行更多的自我检查，并意识到关注自己的心境有助于在全天做出更有目的性的决定。

> 更经常地对幼儿的文化背景做出回应，对幼儿个体及其家庭有更多的了解。

> 思考自己给教学带来了什么，以及当你与幼儿及其家长进行互动时，你内心的想法、假设、偏见等是如何影响你的言行的。

当你有以下表现时，你就会知道"到场"正在成为一种习惯。

> 认识到自己正在把导致分心的情绪或想法（还有你的手机）搁置一边，因为这些会干扰你真正观察幼儿和与幼儿在一起（午餐时间、休息时间和下班后，你可以再次思考这些问题）。

> 在工作场所感到更放松、更舒服，充满正能量。

> 承认与某个幼儿或家长进行互动很有挑战性（没有人会一直喜欢每个人），但是你仍然能够与这个幼儿或者家长建立联系，为与他建立积

极的关系打下基础,从而可以与他进行有效的沟通。

最后,当你有以下表现时,你就知道自己已经能够轻松地做到到场了。
> 与一个幼儿开始进行互动,但是认识到进展得不太顺利,于是停下来进行自我检查,以便做到到场并再次尝试互动。

有力的互动是从你自身开始的。你对自己了解得越多,与幼儿的互动就越有效。有力的互动是有目的的。有力的互动的第一步(到场)促使你进行思考,并为互动做好准备。在互动前静下心来做到到场,你才能够对在第二步和第三步要说什么和做什么做出慎重的决定。

下面来看看第二步——与幼儿建立联系。与幼儿建立联系,是指教师与幼儿建立并保持个人联系,加深自己与他们的关系,创造更多的学习机会。

第二步
与幼儿建立联系

接纳并确认幼儿的感受,唤醒师幼之间正在建立的信任感和安全感

阅读本章时,停下来思考一下。

把你想添加到教学实践中的点子和策略简要地记下来。

你已经实施了第一步——到场。这意味着你能够完全专注于当下,控制你的思想和感情,全身心地关注幼儿。你已经考虑到一些影响你和幼儿进行有力互动的因素,包括幼儿和你的气质、偏好、兴趣、文化和社会身份,也考虑到是否需要做一些调整,以便使互动顺利进行。在这种心境下,你可以有目的地选择要说什么和做什么,以便既与那个幼儿建立联系,又使你的教学在那一刻最有效(Epstein,2014)。

你已经准备好实施第二步——与幼儿建立联系,并发起有力的互动。你秉持着平和而包容的态度靠近幼儿,唤醒你们之间业已存在的信任感和安全感。在这种信任且安全的关系中,幼儿将更愿意接受你在第三步——拓展学习中所提供的指导和教诲。同时,你与幼儿的每一次积极互动都将进一步加深你们之间的关系,让幼儿感到更安全,更有信心,更乐于学习。

"与幼儿建立联系"是什么意思

与幼儿建立联系,是指观察幼儿的所行、所言、所思中有趣的和有意义的部分。这意味着让幼儿知道你看到了他,对他正在做的事情感兴趣,并想参与其中。来看看下面这些教师是如何靠近幼儿,与幼儿建立联系的。

作为一名母亲,罗萨里奥希望有人能给她的孩子深切的关注,并且与她的孩子建立联系。她在"早期开端计划"项目任教,她也想把这两点运用到她所教的孩子身上。当她专注于当下时,她就能够把每个孩子看作一个个体。

罗萨里奥老师和助教正在用胶带把纸粘在桌子上,为绘画活动做准备。她注意到2岁的哈珀停止奔跑,走了过来。她看着哈珀开始揭胶带。哈珀坚持了将近1分钟才揭下一块，但是他没有气馁。而后，哈珀将手指举到罗萨里奥的脸前，罗萨里奥帮他把粘在手指上的胶带拿掉，说："你揭下了一块胶带。"她把一条条小胶带粘在桌子上让哈珀揭。哈珀摇摇头，摸摸桌子，看着她。虽然哈珀没有说话，但罗萨里奥认为哈珀的手势是在告诉她，他想自己把胶带粘在桌子上。于是，罗萨里奥把一条条的小胶带递给哈珀。哈珀看了看胶带，又抬头看看老师，然后又看看自己的手指，最后把每一条胶带都粘到桌子上——用了10分钟！通过多次这样的联系，罗萨里奥和哈珀建立了相互信任的关系。哈珀知道，罗萨里奥会回应他的需求。罗萨里奥希望他们之间建立的关系，能够帮助哈珀在明年转入残疾儿童班时与新教师建立联系。

* * *

探索区里，威廉轻轻地把一只塑料昆虫放在一个容器里进行观察。珍妮老师对他的行为很好奇，希望通过有力的互动更多地了解他的兴趣和想法。她慢慢地靠近探索区，蹲在威廉身边。她看到威廉试图把盖子盖到盛有昆虫的容器上。珍妮老师的本能反应是伸出手帮他一下，但她没有这样做，而是又坐回来继续观察。几秒钟后，威廉盖上盖子，把容器递给老师拿着，这时他们建立了联系，并进行了眼神交流。而后，威廉把容器举到珍妮老师的眼前，让她看一看。珍妮老师把自己的观察告诉威廉，然后威廉又把容器放在自己眼前看了看。

* * *

3岁的西莉亚把一篮子光滑的石头倒在地毯上，然后又逐个放回去，每捡一个，嘴里就随意地说出一个数字。约瑟夫老师挨着她在地板上坐下来，身体倾向她，说："我听见数数的声音了，我正纳闷是谁在练习数数呢？原来是你，西莉亚！"西莉亚说："你想看我数数吗？"

* * *

4岁的卡利德慢慢地、有条不紊地浏览书架上的每一本书。霍尔老师看着他，决定与他进行一次有力的互动。霍尔老师悄然无声地在他身边蹲下，同他一起找一本心仪的书。几秒钟后，卡利德从书架上拿下一本书，平放在大腿上，开始慢慢地翻看。霍尔老师也照他的样子这样做。霍尔老师静静地坐在卡利德旁边，看着他逐渐沉静下来。同时，霍尔老师能感觉到，卡利德对老师坐在自己旁边感到很自在。之后，霍尔老师就开始和他讨论这本书。

师幼关系与学习

在开始进行有力的互动时，与幼儿建立联系可以使幼儿记起你们之间已经建立的积极关系。这样，幼儿就会感到很自在，心理上具有安全感、信任感和胜任感。

反过来，这些感觉又会促使幼儿放心地去冒险、试验、探索、发现并扩展技能和思维。研究者们已经发现并描述了情感安全和学习之间的这种联系，并且告诉我们，师幼关系的质量影响着幼儿的学业成就（Lippard et al.，2018）。

多年前，约翰·鲍尔比关于"依恋"的著作就已揭示，成功的学习需要幼儿在早期与他人建立有意义的关系（John Bowlby，1982）。今天，得益于科技的发展，我们知道，如果儿童生活中的重要成人能够注意到他们的情感、社交需求以及学习，那么实际上就在促进其大脑结构的形成，进而为他们未来掌握读写和认知技能打开一扇大门（Center on the Developing Child，2016；Lally & Mangione，2017；National Scientific Council on the Developing Child，2007，2015）。

有时，当我们谈论与幼儿建立关系这一话题时，它就像待办事项中可以完成的一项任务一样，使我们感到解放，从而将注意力转向"真正"的教学工作。事实上，师幼关系从来没有终结一说。这种关系是持续进行的，随着师幼的每一次相遇而发展。师幼互动对于幼儿如何感受自己和学习，以及学习什么和怎样学习，都有潜在的积极或消极的影响。

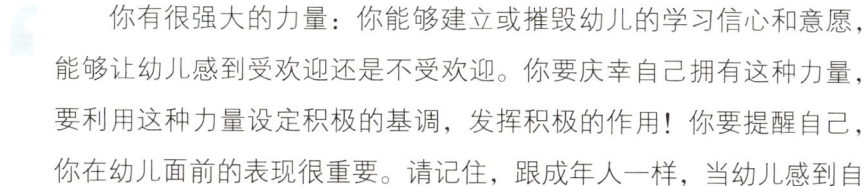

你有很强大的力量：你能够建立或摧毁幼儿的学习信心和意愿，能够让幼儿感到受欢迎还是不受欢迎。你要庆幸自己拥有这种力量，要利用这种力量设定积极的基调，发挥积极的作用！你要提醒自己，你在幼儿面前的表现很重要。请记住，跟成年人一样，当幼儿感到自己被看到、被倾听和被认可时，他们将更有动力和信心。

——经验丰富的特殊儿童教育者和培训师　莫妮卡

师幼关系很重要

> 当师幼关系让幼儿在心理上感到很安全时，就能促进他们积极地参与学习活动（Choi et al.，2018）。

> 在小学阶段，热情的、积极回应儿童的教师，以及稳定的、支持性的师生关系，都会促进儿童的学习，增强儿童的参与性和动力（LoCasale-Crouch et al.，2018；Ruzek et al.，2016）。

> 师幼之间的亲密性，可以预测幼儿在学习和行为上的进步（Zulfiqar et al.，2018）。

> 课堂上，当敏感的教师适应幼儿的需求，并提供激励性的学习体验时，幼儿将获得更强的学业学习和社交技能（Sabol，Bohlmann，& Downer，2018）。

改编自：Hyson（2008）。

与幼儿建立个别化联系

在进行有力的互动之初，如何与幼儿建立联系，取决于你对幼儿的了解程度。回想一下上一章所阐述的自我检查的内容，自我检查中的第二个问题（"我需要调整自己以便与这个幼儿建立联系吗？如果需要，我应该怎么做呢？"）可以提示你根据对这个幼儿的了解，预测你可能需要做出哪些调整，以便适应这个幼儿。

在开始进行互动时，你首先需要用包容和开放的心态去观察幼儿，时刻意识到潜在的或外显的偏见会怎样阻碍你和幼儿建立联系。然后，调整你的步调、能量级、耐心程度和方式，以适应幼儿的气质、偏好、兴趣、文化和社会身份、行为等（NAEYC，2018）。这样，你才能让幼儿继续觉得与你相处很自在,并感受到你的尊重。

一群担任不同工作的早期教育工作者,在去年通过多次会面来分享、加深他们对有力的互动的理解。他们把建立联系的这种相互性描述为一种舞蹈。面部表情、肢体语言和语调都是关键要素,但是与每个幼儿一起跳的舞蹈都可能有所不同。

每次与幼儿建立联系时,你都需要注意幼儿如何做出回应。伴随着幼儿个体的成长和变化,你与幼儿建立联系的方式也需要做出改变。比如,一个精力充沛、热情洋溢的幼儿,通常需要你振作精神去迎合他的兴奋。但是,同样还是这个幼儿,在另一种情境下,可能需要你更冷静一些,更缓和一些,以帮助他平静下来。

幼儿可以通过许多不同的方式让你知道,你们之间已经建立了联系,以及他们已经准备好和你一起学习。幼儿的气质、舒服程度、文化、年龄和发展水平都影响着他们会提供什么样的线索。随着时间的推移,你们之间的关系加深了,幼儿更有信心了,社交技能也发展了,他们提供的线索也会相应地发生变化。一些明显的线索(如微笑)最容易被辨别出来。慢慢地,随着你的观察技能的提高,你逐渐能够识别出更细微的线索。

幼儿可能发出以下信号,表明你已经与他建立了联系,并且他愿意和你一起学习。

> 看着你并对你笑。
> 张开双臂要你抱。
> 继续玩耍,但偶尔兴奋地朝你看看。
> 邀请你加入他的游戏。
> 向你展示或告诉你某样东西。
> 问你问题。

幼儿一旦接受了你发出的建立联系的邀请,并且与你建立了联系,那么你的目标就是要在整个互动过程中保持这种联系。注意你的身体语言、声调和面部表情,要让幼儿持续感到与你在一起是安全的和安心的。在与幼儿保持联系时,要观察幼儿的回应,这样才能决定如何最有效地拓展他的学习,这也是我们在第三步将要探讨的内容。

建立联系的信号

对于班级中的每个幼儿,你都要问问自己:"这个幼儿说了什么、做了什么,从而让我知道我们之间已经建立了联系?还有哪些信号可以添加进来呢?"

支持多样化的学习者

共同注意是"一种社会性互动,在这种互动中,幼儿和成人或者幼儿和同伴共同关注某一事物,并能关注到对方对事物的关注"(Degotardi,2017,p. 411)。例如,两个幼儿先是看着同一个玩具,然后互相看看对方,说句话,弄出点声响,或者当一个幼儿伸手去拿玩具时,另一个幼儿也伸手去拿,他们表现出来的就是共同注意。其他的例子还有,当玩具发出声音时,两个幼儿一起大笑,他们轮流在玩具车轨道上来回推动玩具车，一起滚动同一个球，或者变换身体重心使摇摇船前后摇动。共同注意能够促进幼儿的语言学习，因为这种社会性互动是有目的的。当你注意到你不能自然地靠近某些学习者（幼儿），或者与他们建立联系有困难时，那么这些学习者就需要学习"共同注意"这一基本技能。

有力的互动的第二步促进和加强了共同注意，同时也支持了交流的互惠（一来一往）过程。

马拉奇9个月大，正在学习允许别人出现在他的空间里。他喜欢玩他最爱的魔法盒，当他按下或转动魔法盒上的各种按钮或旋钮时，盒子就会发出光和声音。如果有成人或小孩靠近他，即使这些人在玩不同的玩具，他也会哭。他会把玩具拽回，不让人触摸。有人和他说话，他也转过头去不理会。

马文老师决定试着和他建立联系，他在1米开外的地方和马拉奇打招呼。马文老师静静地等待着，直到玩魔法盒的马拉奇发出声音。马文老师轻轻地重复着马拉奇的声音。马拉奇朝着老师的方向看了看，然后再次发出声音。马文老师又重复了他的声音。在这一来一往的过程中，马文老师稍微靠近了一些，按下了魔法盒上的一个按钮，马拉奇的玩具发出亮光。马拉奇再次发出声音，按下同一个按钮，然后朝老师看去。他们开始有了共同注意。马文老师轻轻地说："马拉奇，我们一起玩了这个魔法盒，太好玩了！"马拉奇抬起了头。

尊重幼儿的拒绝

有时，面对你发出的建立联系的邀请，幼儿的回答是："不，谢谢……现在不行。"他可能通过语言或手势传达这个意思。幼儿也可能直接忽略你的邀请。他可能告诉你，他在那个时刻想要或需要独自"工作"。也许，他与你在一起感到不自在。不要生气，不要认为他是在针对你；也不要过于武断地把你的意图强加给他。要坚持用耐心且温和的态度使幼儿感到自信、舒适和信任。一定还会有别的时间让你与这个幼儿建立联系，并加深彼此间的关系。

让我们看一看，对于幼儿的回应，玛格丽特老师是如何表现出尊重的态度的。

5岁的奈加尔正在使用平板电脑，玛格丽特老师在观察和进行了自我检查后，决定加入他的活动。奈加尔连头都没抬。玛格丽特老师说："奈加尔，我注意到你正在使用电脑上的绘画程序。"奈加尔没有做出任何反应。玛格丽特老师感觉奈加尔故意不理她，她想表达对奈加尔的尊重，于是问道："奈加尔，你现在更愿意一个人是吗？"奈加尔点了点头。玛格丽特老师把手轻轻地放在他的肩膀上，说："我知道了。过一会儿，我再来看看你进展得怎么样。你好好享受这段安静的工作时间吧。"

大约10分钟后，玛格丽特老师回来了。这次，奈加尔抬起头看了看她。玛格丽特老师评论道："我看到你在画上添加了很多颜色。"

玛格丽特老师知道，奈加尔的气质属于慢热型，对成年人持谨慎的态度。玛格丽特老师很有耐心，她温柔且坚持不懈地帮助奈加尔信任她。为了与幼儿建立良好的关系，无论幼儿给出什么样的信号或者线索，你都要保持敏感。当幼儿看到你尊重他们的兴趣和需求时，信任感就建立起来了。

回想一下你最近与班上的一名幼儿建立联系的过程，你是怎么知道你发出的建立联系的邀请被幼儿接受了？这个幼儿说了什么或做了什么，让你知道你们之间已经建立了联系？现在，思考一下你与另一个幼儿建立联系的过程，那个幼儿说了什么或做了什么？

与幼儿建立联系的 7 种策略

接下来，你将会了解 7 种策略。你可以利用这些策略与幼儿建立联系，培养积极的关系，使每个幼儿都乐于接受你的指导和教诲。

我们分别描述了每一种策略，以便你能够思考并加深对它们的理解。事实上，你很可能同时综合运用几种策略。比如，当你倾听幼儿的时候，你也表达了对他的尊重，并了解了他。当你引导幼儿表现出积极的行为时，你也在加深你们之间的信任关系。

下面描述的 7 种策略旨在帮助你与幼儿建立联系，培养关系，增强教学的有效性。

（1）**慢下来，关注当下**。当你向幼儿表示对他感兴趣，想与他在一起时，幼儿就能够放松下来，与你共处当下。慢下来，同样让你有时间真正"调整频率"、关注幼儿，享受与幼儿在一起的时刻。

（2）**持续了解幼儿**。当你向幼儿表示你对他真的很感兴趣，并且愿意更多地了解他时，他就更有可能与你建立联系，并更多地向你展示自己。反过来，你也会充分地了解幼儿，看到每个幼儿的独特魅力。

（3）**倾听幼儿**。当你向幼儿表示你正在积极地倾听他时，他就更有可能向你展现真实的自己。你会逐渐把每个幼儿当作个体来欣赏，也将进一步加深与每个幼儿的关系。

（4）**让互动适合幼儿的个性化特点**。把幼儿作为独特的个体对他们做出回应，可以使你们之间建立真诚的联系，进而给每个幼儿打下坚实的基础，让他们由此走向世界，进行探索和学习。密切观察幼儿，根据每个幼儿的实际情况做出相应的回应，能够使你体会到从幼儿的眼里看世界的乐趣。

（5）**向幼儿表示尊重**。当你尊重幼儿时，它会体现在你的一言一行中。当幼儿体会到你的尊重后，他们会感到自己更强大，更有信心和能力，也更信任你，更愿意与你合作。

（6）**引导幼儿的行为**。当你告诉幼儿你与他并肩站在一起，并想帮助他表现出积极的行为时，他会感到你在关心他。你们之间的关系也会随之加深。你会发现，当幼儿出现挑战性行为时，你应对起来轻松多了。

（7）**让信任持续加深**。随着你们之间的信任不断加深，幼儿知道他们可以依靠你。这一认识可以让幼儿放心、自主地进行探索和试验，也是幼儿在一天中充分利用各种学习机会的前提。你们之间的信任关系，确立了你在幼儿的生活和学习中所发挥的关键作用。

一旦你与幼儿建立了联系，你们每天一起度过的时光就会变得更有意义，处处充满学习的机会。下面将探讨有力的互动的第二步——与幼儿建立联系的7种策略。

策略 1　慢下来，关注当下

| 排除杂念，关注幼儿及其所做的事

想象一下你正待在一个自己喜欢的地方，你已经放慢节奏，沉浸在这里的一切中，包括景象、声音、气味和每一个微小的细节。

> 如果你正待在大海边，你看到的可能是晶莹剔透的蔚蓝色海水和泛着泡沫的白色浪花，听到的是海浪拍击岸边的声音，嗅到的是空气中海水的咸味。

> 如果你正置身于城市中，你看到的可能是人行道上涌动的人群和酒店门前摆放的一盆盆鲜花，听到的是汽车的鸣笛声，嗅到的是街角小推车上浓郁的烧烤味。

> 如果你正坐在自家客厅舒适的椅子上，你看到的可能是孩子在你面前

的地毯上玩假装游戏，听到的是自己喜欢的音乐，嗅到的是火炉上炖着的咖喱味。

当你慢下来，真正留意周边的事物时，你对事物就有了全面的认识。同样，慢下来，与幼儿建立联系，你就能够打开心灵接受当下幼儿向你展现的一切。

关注当下，与幼儿建立联系

当你决定慢下来，关注当下时，在外人看来你好像什么都没做，甚至你自己也感觉一开始什么都没做。但是，这并不是真的。

> 要进行有力的师幼互动，我最大的经验是"慢下来"。我有一个习惯，我知道很多人也有这个习惯，就是总是在想接下来该干什么。虽然为下一个过渡环节做好计划很重要，但关注当下也同样重要。我提醒自己，几分钟后无论是吃点心、吃午饭还是圆圈活动，都没关系。当我每天都匆匆忙忙的时候，我知道我错过了很多。例如，前几天我和一个孩子一起散步，我们两个远远地落后于小组中的其他孩子和老师。我没有催促这个孩子去追上其他人，而是拉着他的手慢悠悠地走着。当我们经过一些绽放的鲜花时，他停下来，弯下腰去闻花的香味。我们一起谈论了这一株植物。如果我选择催促他，这种交流的时刻就不会发生了。我们比其他孩子晚回教室1分钟，但是这对当天的作息安排没有任何影响。然而，对我和这个孩子来说，收获却是巨大的。
>
> ——幼儿教师　苏珊·泰勒·圣劳伦斯

慢下来，能够使你真正关注某个幼儿，与他建立个人联系。你对这个幼儿的关注，就像一束温柔的光环绕着他。幼儿感受到了你对他的关注，放松下来，开始相信你会一直在他身边陪伴他。随着你与他建立联系，你们之间的关系加深了。你对幼儿的静静关注，让你真正看到了他，同时也让幼儿专注于自己的所做所思。他变得更乐于和你一起学习。

在下面这个例子中，请注意桑德拉老师是如何关注当下，与3岁的路易斯建立联系，从而加强了与路易斯的关系，为路易斯的学习创造条件的。

桑德拉老师一直忙于把幼儿从午睡中叫醒。但是现在，她慢下来，快速做了一个自我检查，并决定与路易斯进行一次有力的互动。她坐在路易斯的桌前，脸上带着微笑，静静地注视着他用手指戳橡皮泥。过了一会儿，桑德拉老师把一个模具放到路易斯的桌子上。

从桑德拉老师默默地注视中，路易斯可以获得以下感受：
> "她喜欢我。"
> "她关注我。"
> "她认为我很重要。"
> "她在意我在做什么。"
> "我本来要站起来，但我想还是在这儿多坐一会儿吧。"
> "我想知道，能用这个模具做什么呢？"

审视现实

你可能有点担心，当你静静地坐在一个幼儿的旁边时，其他成年人可能认为你没有在工作。和同事谈谈"慢下来，关注当下"的重要性，有助于他们理解你正在做的事情。

"慢下来，关注当下"的技巧

在开始与幼儿互动时，慢下来，关注当下是一件极具挑战性的事情，但是由此你可以观察幼儿并与幼儿建立联系。你必须找到对你最有用的方式，下面是一些建议。

（1）找一个舒服的方式坐下来，从而可以平视幼儿，花更多时间与幼儿互动。可以尝试地垫、矮凳、矮的折叠椅和牛奶箱等。

（2）做一次深呼吸，并从1数到10。在参与幼儿的活动时这样做，有助于你静下心来，进行观察。

（3）与同事进行协调。确保你在与某个幼儿互动时，同事正在留意其他幼儿。

 审视现实

你不能总是慢下来。有时候，为了完成教学计划和使日常活动向前推进，你会十分忙碌。

效果怎么样

在有力的互动中，你有时很难慢下来，与幼儿建立联系。这需要练习。随着你越来越擅长"慢下来，关注当下"，你可以寻找线索来证明你的努力对周围发生的事情有重要影响。

你可能注意到以下情况。

> 随着你们之间关系的加深，幼儿与你在一起时似乎更加放松和舒适。
> 你可以跟家长更详细地分享有关幼儿的更多的故事，反过来，家长也会与你分享幼儿的更多故事。
> 你对幼儿有了更多的了解，因为你更有耐心，更愿意让他们展示他们知道的东西，并且让他们按照自己的步调行事。
> 在你的教学实践和个人生活中，你会更频繁地使用这个策略来与他人建立联系。
> 教室里有更多的很舒服的地方可以坐下来，让你可以与幼儿保持同一水平线，这样你就可以经常与幼儿坐在一起，建立联系。
> 班级的整体氛围变得更加祥和，因为每个人都慢了下来，彼此建立了联系。

切记

  当你慢下来，关注当下时，表面看似乎没有发生什么事，但其实你正在与幼儿建立联系，加强你与他们的关系，同时也有助于幼儿成为更有效的学习者。

策略2　持续了解幼儿

张大双眼，敞开心扉，关注幼儿正在向你展示的那些有趣又有意义的事情

想象一下你的电话响了，你的好朋友问道："你还好吗？今天学校发生什么事了吗？"如果有人（比如，这个朋友）乐于听你诉说，并且想不断地了解你，那么你会感觉如何呢？

> 她关心我，想知道我今天过得怎么样。
> 她乐于听我倾诉。我觉得她对我是怎样的人、我的文化、我的长处、我的价值观和我的信仰，都充满着好奇和兴趣。
> 与昨天不同，今天是崭新的一天。她能理解，我今天做的事和今天的感觉也不同于昨天。
> 她和我在一起，关注我，倾听我。
> 我感到有充足的时间来分享我的故事。

利用你对幼儿的了解与他们建立联系

当你与幼儿进行有力的互动时,要睁大双眼、拓展思维、敞开心扉,要看到这个幼儿此刻向你展示的有趣的、重要的东西。当幼儿觉得你就在他身边,对他做的事情感兴趣,愿意接受他的计划而不是你自己的计划时,你们之间就建立了联系。

> 时刻关注幼儿以及我与幼儿之间的关系,有助于我规划与幼儿的大脑发展相匹配的体验活动和互动。
> ——"早期开端计划"3岁儿童教师 艾莉森

要保持开放的心态去观察和欣赏每一个幼儿。不要认为你已经了解了这个幼儿的一切,否则你很难做到这一点。幼儿总是在不断地成长、变化,不论你已经认识一个幼儿有多久了,他的身上总是有些新东西有待了解。当你把对幼儿的了解传达给他时,他知道,你正在注意他、关心他,这样你们之间就建立了联系。

请仔细看看,下面这些教师是如何利用当下对幼儿的了解,对幼儿表现出兴趣和欣赏的。

16个月大的梅·西伊正在娃娃家玩耍。弗洛拉老师的脸上带着微笑,静静地坐在旁边,观察着梅·西伊的假装技能是如何发展的。梅·西伊抱着一个玩偶晃动，弗洛拉老师也假装抱着一个婴儿，做着相同的摇晃动作。梅·西伊笑了，然后把自己抱着的玩偶递给了弗洛拉老师。

* * *

2.5岁的戴利亚对教室里的竹节虫非常感兴趣，斯蒂芬妮老师和她一起分享了对这种昆虫的好奇。过了一会儿，戴利亚说："它在挠我的手指。"斯蒂芬妮老师伸出双手让戴利亚知道，她如果准备把竹节虫交给老师，就随时可以给。

了解幼儿的各种方法

有时，你会在无意中了解幼儿的某个方面。在观察幼儿、与幼儿互动时，你可能突然就了解了。你可以利用这个新信息与幼儿建立联系，就像下面这个例子中的法弥达老师那样。

3岁的凯拉说："看。"她边说边把自己的紫色裤子的一条裤腿卷起，向法弥达老师展示她的紫色短袜。"你肯定很喜欢紫色，"法弥达老师说，"我之前都不知道你喜欢紫色呢。紫色也是我喜欢的颜色。你愿意和我一起读《阿罗有支彩色笔》① 这本书吗？""愿意！"凯拉说，然后她到书架上找到那本小书。

有时候，你需要有意识地创造机会去了解某一个幼儿。你可以提供一项可控制的挑战或一个新材料，然后观察幼儿如何做出回应。请看看下面这个例子中，富兰克林老师是如何通过向本杰明提供一种新工具来与他建立联系，并且利用她在互动中了解到的信息加深这种联系的。

日常活动中，4岁的本杰明是一个习惯站在后面观看的孩子。这天，富

---

① 该书的简体中文版由接力出版社于2010年出版。——译者注

兰克林老师递给本杰明一个木勺，对他说："你愿意帮我制作一些松饼，作为今天下午加餐时的小点心吗？"本杰明羞涩地笑了笑，伸手接过木勺。当他们一起搅拌面粉、糖和盐时，本杰明告诉老师："我和妈妈也做过烙饼，但现在不做了。妈妈不在家，去阿富汗了。""我不知道你妈妈去参军了，"富兰克林老师说，"我给你拍一张制作松饼的照片，然后寄给她，怎么样？"本杰明看着老师，想了一会儿，说："妈妈可以把这张照片挂在墙上。"

有时候，事情发生的当下，你没有认识到你已经了解了幼儿的某些方面，直到有时间反思当时的情况时才会发现。比如，你正在看你给幼儿拍的一张照片，回顾匆匆写下的笔记，或者离园环节正在向家长讲述幼儿的事情，这时，你对这名幼儿突然有了新的认识。下面的案例中，威尔逊老师在一天结束、所有孩子都已回家后，对3岁的埃米莉娜有了新的了解。

在所有孩子都放学离园之后，威尔逊老师在扶手椅上坐了一会儿，翻看着当天拍的照片，作为对一天活动的回顾。他翻到一张照片，照片上一个幼儿正在和助教老师玩叠叠乐玩具。他看到，照片的背景处，埃米莉娜正扶着小床旁的学步车站在那里。威尔逊老师简直不敢相信自己的眼睛！埃米莉娜肯定是自己从小床上下来的，这可是从来没有发生过的事情。威尔逊老师都有点等不及明天早上再跟埃米莉娜互动了，他一定要给她看看这张照片，和她击掌祝贺！明天放学时，也一定让她妈妈知道这件事。

持续了解幼儿的技巧

保持开放的心态持续了解幼儿，你将会惊奇地发现幼儿无限的可能性。如果你认为你已经了解了幼儿的一切，那么它就如同眼罩，会限制你的视野。下面这些建议可以帮助你利用一些策略来与幼儿建立联系。

（1）评估幼儿随着时间的推移而取得的进步。观察和记录幼儿的言行，把你的观察记录连同幼儿的作品，一起放到幼儿成长档案袋或者电子文件夹中。通过这些客观的记录，你可以持续地了解幼儿全年的学习与发展情况。

当你与幼儿家长或其他教师分享你对这个幼儿的了解时，这些观察记录也能派上大用场。

（2）**仔细地观察、倾听幼儿**。如果你不给幼儿做自己的时间和空间，那么你将了解不到什么。当你加入幼儿的活动时，要有耐心，让他按照自己的方式学习和解决问题。比如，你给婴儿机会去拿已经滚远的拨浪鼓，注视学步儿努力把衣服挂到挂钩上，或者旁观学龄前儿童坐到阅读区后会选择什么样的书。与贸然介入相比，注视和倾听能让你更多地了解幼儿。

（3）**利用你对幼儿的了解去了解更多**。你还记得前面例子中的富兰克林老师和本杰明吗？富兰克林老师解释说："仅仅观察幼儿并把了解到的新信息存档是不够的。所以，第二天我又继续跟进，邀请本杰明谈谈他妈妈在军队的具体工作。"

（4）**与幼儿家长交谈**。邀请幼儿家长进班观察幼儿，与他们分享彼此对幼儿的新发现。这种分享至关重要——"培养与幼儿家长的牢固伙伴关系，有助于确保幼儿的需求得到满足，家长的关切得到解决，同时使幼儿从家庭生活平稳、顺利地过渡到幼儿园生活"（NAEYC，2018，pp. 12–13）。

（5）**采用镜像对话**。采用镜像对话告诉幼儿你当下对他的了解。镜像对话（"第三步　拓展幼儿的学习"一章将详细地描述这一策略）能让幼儿知道，你看到了他正在做的有趣且重要的事情。

你可能了解到……	为了与幼儿建立联系，你可能会说……
阿登不喜欢吵闹的声音	"阿登，过来拉着我的手。我想，你不喜欢那些很吵闹的声音，对吧？"
贝利希能够自己剥橘子皮	"哇，贝利希，你现在是一个剥橘子皮的高手啊！"
萨米会唱很多歌曲	"萨米，你会唱很多歌曲啊。你可以教我们一首我们不知道的歌曲吗？"
费莉帕去过墨西哥	"费莉帕，你妈妈带来了你跟你舅舅一起在墨西哥玩的照片，我才知道你去墨西哥旅游了。"

审视现实

有时候，某个幼儿所具有的独特性格、活力、文化和兴趣，可能与你的气质、偏见相冲突，让你感到不舒服或者很恼火。这样，你就很难把这个幼儿作为个体去了解和欣赏（对一个家庭来说，有时也是如此）。作为专业的幼儿教师，你需要付出更多的努力去关注和了解所教的所有幼儿及其家庭。对幼儿的家庭来说，只开一次家长会是远远不够的。你需要长期关注他们，付出时间和精力，甚至分享自己的兴趣、爱好，促进彼此的理解和信任。了解幼儿的家庭，有助于你了解幼儿个体，了解他们的性格、学习方法、长处和兴趣等，这样才能与他们建立联系。

效果怎么样

当你持续地了解幼儿时，你要寻找线索，证明这种建立联系的策略对于你与幼儿之间的关系、你的教学、你与家长之间的关系都有积极的影响。

你可能注意到，幼儿以新的方式回应你。他可能会：

> 告诉你他对自己的新发现，比如："我从来不知道我能跳这么高！"

> 告诉你他对另一个幼儿的了解或对你的了解，比如："我以前不知道你也喜欢大米和大豆。"

> 以一种新的方式与你建立

联系，比如，当你们一起散步时，他会抓着你的手唱道："我喜欢青蛙，你也喜欢青蛙。"

随着你对幼儿个体了解得越来越多，你可能会发现自己的以下做法。

〉换了一个视角去看待让你觉得有挑战性行为的幼儿。

凯拉一直动来动去，过去这种行为常常令法弥达老师恼火。后来，她发现凯拉喜欢唱歌，于是开始和凯拉一起唱歌。在找到了能够一起做的趣事后，法弥达老师又发现，凯拉喜欢紫色以及其他更多的东西。

〉在教室内添加了新材料。

在知道本杰明的妈妈即将被部队调到别处后，富兰克林老师在书架上添加了几本有关军人和军事部署的图画书。她还决定，以后在与新生家长初次面谈时，要问一下其家人是否有人在军队服役。

〉开始观察在不同的区角活动的幼儿，并把观察聚焦于幼儿发展的不同领域，比如：过去你把大量的时间花在娃娃家，观察幼儿的社交游戏和语言发展情况；但是，现在你把观察范围扩大到其他区角，甚至室外区域；你把自己看作探索者，总是在了解幼儿。

你可能会注意到，你与幼儿家长的关系更牢固了。

〉你给幼儿家长寄了一张便条，分享了一个关于有力的师幼互动的简短故事。作为回应，幼儿家长给你打了电话或者寄了便条，描述他们对幼儿的最新发现。

〉你在午餐时间与幼儿谈论，他们正在吃的豆角是如何从院子里的种植箱长出来的，有时豆角也被储存到罐头或冷冻食品袋里。那一周的晚些时候，赫里蒂克的爸爸告诉你，一天晚餐时，赫里蒂克自豪地把他知道的有关豆角的知识讲给家人。

〉你在离园时间与一位家长聊聊你的兴趣、爱好，邀请家长来园与幼儿分享自己的兴趣爱好，比如，使用钩针进行编织活动。

 切记

你可以利用自己对幼儿的了解与幼儿建立联系，加强彼此间的关系，然后发起有力的互动。

策略 3　倾听幼儿

关注幼儿，发现他说了什么或者通过肢体语言表达了什么，并让他知道你正在倾听他

倾听不仅仅是听到，它是指决定去关注幼儿通过口头语言和肢体语言传达出来的信息，并探寻它们的意义。

倾听别人是一种什么样的感觉呢？下面是一些教师的心声：

> "当我愿意接受对方做的事情时，我就能很好地倾听。"
> "我尽量保持安静，不去打扰他。"
> "我发现，当别人说话时，看着他的脸有助于我专注地倾听他。"

当一个人专心地倾听你时，你会有什么样的感觉？当一个人秉持开放的态度，不打扰你，只是关注你说什么时，你会有什么样的感觉？

通过倾听，与幼儿建立联系

倾听幼儿是在告诉他：

> "我很在乎你。"
> "我对于你是谁很感兴趣，并尊重你。"
> "我想更多地知道你在做什么、想什么。"

当你真正地倾听幼儿时，你正在创建一个共同体——你和幼儿在其中了解自己，了解彼此，了解更大的世界。正如维果茨基（1978）所强调的，正是通过人们之间的互动，学习与发展才得以发生。

当你培养你与幼儿之间的关系并与幼儿建立联系时，幼儿知道自己的声音被听到了，他会因此变得更有能力、更自信。这是有力的师幼互动的一个重要部分。

倾听幼儿有各种不同的方式。当幼儿通过言语来传达信息时，你需要依靠耳朵来倾听，就像下面案例中的谢利老师那样。

4岁的雷娜塔站在攀爬架的顶端大喊："我爬到顶了！耶，我是爬高能手！"谢利老师回应道："我看见你了！你一口气爬到了顶端，你真的太棒了！"谢利老师回应了雷娜塔爬高的快乐，表明自己正在倾听。然后，谢利老师利用自己与雷娜塔之间建立起来的联系，向这个爱用语言表达的幼儿介绍了一个新词和新概念。她朝雷娜塔喊道："你站在攀爬架的顶端能看到什么呢？"……有力的互动就这样顺利地开始了。

幼儿也可能使用言语以外的方式传达信息。要注意幼儿发出的声音、做出的手势、面部表情、动作，以及他可能使用的任何语言，然后利用你对这个幼儿的已有了解，从你的观察中获取意义。

7个月大的阿曼达躺在尿布台上,把一片新的尿布举在面前。她从尿布后面探出头偷看莱内特老师,和莱内特老师的眼神交汇。"我看见你了,"莱内特老师说,"你是要告诉我,你想玩藏猫猫游戏吧?这是你最近喜欢玩的游戏,是不是?"莱内特老师通过向阿曼达表明,她正在"倾听"阿曼达要"告诉"她的话,与阿曼达建立了联系。接下来,莱内特老师一边继续给阿曼达换尿布,一边与她玩藏猫猫游戏,由此创造了一次有力的师幼互动。在这次互动中,她拓展了阿曼达的学习,帮助阿曼达探索了一个概念——"看不见"和"永远消失"是不一样的。

✷ ✷ ✷

2岁的乔伊在人行道上摔倒了。罗杰斯老师把他扶起来,尽管他的下嘴唇颤抖着,泪水在眼眶里打转,但是他却说:"我没事。"在知道乔伊经常试图抑制自己的感情后,罗杰斯老师决定与他建立联系,就感情问题开始一次有力的互动。罗杰斯老师对乔伊说了一些她知道乔伊不会说的话。"有时候摔倒真的很疼,"她说,"我们来看一下你的腿,看看需不需要包扎?也许你的泰迪熊也需要包扎。"乔伊抽噎着点了点头,伸手抓住了老师的手。

✷ ✷ ✷

在点心时间的一次对话中,5岁的诺拉坐在座位上动来动去。乔苏老师知道诺拉的母语是阿尔巴尼亚语,也知道她所理解的英语词汇远远超过她所能表达出来的,于是决定与这个幼儿建立联系。乔苏老师蹲下来,把手轻轻地放在诺拉的肩上,对她说:"诺拉,我知道你要说什么,但是因为你的英语词汇不够,所以不能表达出来。你是想说我们正在吃菠萝,对吗?"诺拉回应说:"Po。我的意思是'是的'。"乔苏老师说:"是这样啊!你教给了我一个阿尔巴尼亚词语——Po,Po的意思是'是的'。我也教给你一个新词——pineapple(菠萝)。"诺拉咧着嘴笑了,说:"我喜欢 pineapple。"

倾听幼儿的技巧

倾听幼儿的方式,既可能让幼儿确信他是被珍视的,也可能导致他不愿意进一步和你交谈。当你观察和倾听幼儿,试图与幼儿建立联系时,要牢记下面这些宜做和不宜做的事情。

（1）**与幼儿的视线齐平**。你可以坐下或蹲下，看着幼儿的眼睛。不宜一边听，一边忙着其他事，或者在幼儿说话时转过脸去。

（2）**给予幼儿时间去思考和整理思路**。我们经常急着问下一个问题，自认为是在支持幼儿的学习。保持安静和耐心是对幼儿的尊重，要认识到思考是需要时间的（Wasik & Hindman，2018）。不宜在幼儿沉默的时候插嘴。

（3）**让幼儿知道你听到了他说的话**。比如：点头、扬起眉毛、歪头、瞪大眼睛；说"嗯""哦"或者"我理解""我明白你说的话"（如果你真的明白）。不宜打断或结束幼儿的话。

（4）**接纳和确认幼儿的感受**。比如"你看起来很生气""你的声音听起来很生气"。不宜给幼儿分配或者指定一种感受，比如，"那（人/事）让你很生气。"

（5）**当你倾听某个幼儿时，让其他幼儿学会等待**。这样，他们就不会去打扰他人。不宜被另一个幼儿分心或把注意转向另一个幼儿。

你可以采用以下方式鼓励幼儿等待。

> 对幼儿的耐心等待表示感谢，比如，"谢谢你的等待，这样我就能像倾听梅一样去倾听你了。"

> 建议幼儿同伴间互相帮助，比如，"彼得，现在我没空给你系鞋带，但汤姆斯知道怎样系鞋带。也许，你可以请他帮你一下。"

效果怎么样

当你拿出时间真正倾听幼儿的时候，会发生什么呢？寻找线索，证明你的努力给幼儿及其家庭、你所在的幼儿园和你自己带来了积极的影响。

当幼儿感到你对他们真正感兴趣时，他们可能：

> 将他们做的事、他们的感受更多地告诉你；

> 更频繁地招呼你过去，将他们的"工作"告诉你；

> 在戏剧游戏中倾听玩偶、毛绒动物玩具以及玩伴时会模仿你的面部表情和语言。

幼儿家长可能：

> 对你说，他们很感激和佩服你总是有时间倾听他们的孩子；
> 在看到你倾听幼儿并和你讨论了倾听幼儿的重要性后，更有目的性地倾听孩子——他们自己的孩子和别人的孩子。

当你通过倾听与幼儿及其家庭建立更稳固的联系后，你了解到的新信息会使你感到惊奇，也会触动你。根据这些新信息，你可能会找到进一步推动幼儿学习的方法，这一点会让你兴奋不已。

在你的班级中，各个年龄段的幼儿不再那么频繁地互相干扰了。幼儿会耐心地等待你倾听一个幼儿，因为他们知道自己稍后也会有机会与你建立联系。幼儿家长和同事也会等待你，因为他们确信你也会倾听他们。

当教师、幼儿和幼儿家长愿意用更多的时间互相倾听和联系时，你的周围会变得更加宁静、和谐。

切记

当你真正倾听幼儿时，你正在加深你与他们之间的关系，开启了学习的大门。慢慢地，你将会发现，当做到到场并让大脑里的静态噪声安静下来后，你就能够更加专注地倾听。

策略 4　让互动适合幼儿的个性化特点

调整你的言行，与幼儿建立联系，并回应幼儿当下的需求

当你走进一家商店时，如果收银员直接叫出了你的名字，你的感觉一定很不错吧？这说明，她记得你，你不是一名普通的顾客，你们之间有一种联系！这种感觉很棒。你很可能会再次光临这家商店，不只是为了买牛奶或鸡蛋，还为了再次建立联系和巩固你们之间的关系。

你有没有特别喜欢的商店或者餐厅，你会一再光顾，只因你与那里的某个人建立了联系？随着时间的推移和不断的互动，你们之间的关系是如何加深的？

把每个幼儿当作个体来对待

根据你对幼儿的了解，调整你的言行来适应这个幼儿的个性、文化、需求、长处和兴趣。

当你愿意使互动个性化时，幼儿就会知道此时此刻你是关注他的。你要说的和要做的事是关于他的、适合他的。你正在告诉他，他很重要。当你回应幼儿当下的需求时，你们之间就建立了联系。这种联系巩固了你们之前已经存在的积极关系，能够让幼儿安下心来，更容易接受在有力的师幼互动中学习的可能性。你可以"利用幼儿对世界的兴趣和好奇心，吸引他们学习新内容，发展新的技能"（NAEYC，2018，p. 44）。

看看梅拉和查利，他们两人都只有 2.5 岁，都喜欢拼图游戏。

梅拉在拼图时，会快速地拿起几块拼图，逐一在一个地方试一下。当发现这块拼图不合适时，她就把它放回桌子上，再拿另一块。她一边拼，一边嘟嘟囔囔。

* * *

查利在拼图时，动作缓慢而安静。他拿起一块拼图看一下，再看看整幅拼板，然后选个位置试试。如果不合适，他会再看一下，把这块拼图放到另一个位置再试试。

现在，让我们看看他们的老师斯泰茜女士是怎样做的。斯泰茜老师分别与这两个幼儿进行了个性化互动，以适合每个幼儿的个性特点和拼图方式。

当斯泰茜老师走向梅拉时，梅拉的眼睛从拼图上移开，看着老师笑着说："快过来，看看我的拼图！""嗨，梅拉。"斯泰茜老师边说边在她的旁边坐下。然后，她告诉梅拉她看到了什么："梅拉，你试了很多块拼图啊。""是的。"梅拉一边说，一边放下一块拼图，拿起另一块。为了让梅拉能够好好思考一下自己的行动，斯泰茜老师问道："你把那块拼图转一转，再试试，会怎样呢？"

* * *

对于查利，斯泰茜老师更谨慎，她慢慢地坐在他旁边看着。查利的注意力都在拼图上，但是斯泰茜老师感到查利用腿轻轻地碰了她一下。当查利拼不下去、被难住时，他抬头看着老师。斯泰茜老师用平和的语调告诉查利她看到了什么："查利，你非常仔细地研究了每一块拼图。"然后，她就他的观察进行了提问："关于那块拼图，你注意到了什么？关于拼板上的那个空位置，你注意到了什么？"

斯泰茜老师是怎样使互动适合幼儿的个性化特点的呢？
- 通过观察，她了解了每个幼儿的个性化特点和拼图的方式。
- 她调整了自己的节奏和语调，以适合每个幼儿的个性化特点。
- 她准确地告诉每一个幼儿，她看到他们在做什么（镜像对话策略，"第三步 拓展幼儿的学习"一章将详细描述这一策略）。
- 她根据对每个幼儿的已有了解，以及在当时情境中通过观察所获得的信息，针对不同幼儿提出不同的问题，以引出不同的问题解决策略。

使互动适合幼儿的个性化特点的技巧

在有力的师幼互动的第一步——到场，你需要思考如何调整自己的内心，以便到场。现在，正如斯泰茜老师那样，你需要调整你的言行来适应幼儿，并与幼儿建立联系。要使互动适合幼儿的个性化特点，你就要问问自己："幼儿在这一刻需要我做什么呢？"

不同的建议适用于不同的幼儿，你可以尝试下面的一些建议。
- 称呼幼儿的名字。称呼他人的名字，无论这个人是幼儿还是成人，都具有非常强大的力量。它会让对方感到他与你建立了联系，他很重要。
- 学习和使用幼儿的母语。在网上查询，或者向幼儿家长寻求帮助，请他们把你在课堂上常用的词语和短语翻译成幼儿的母语。
- 放缓或加快你的互动"舞步"，以便与幼儿协调一致。

- 调整你的音高和音调，以适合幼儿的个性化特点和情绪。
- 支持有特殊需要的幼儿。比如，在与听障幼儿交流时，要保证这个幼儿能够看到你的脸部和嘴唇。
- 选择适合幼儿语言发展水平的词语。
- 根据当下所处的情境和幼儿的情绪状态，改变面部表情。
- 利用手势帮助幼儿理解你所说的话。

效果怎么样

在使互动适合幼儿的个性化特点时，要寻找线索，证明这个策略影响了你与幼儿及其家长的关系。下面是你在幼教场所中可能会注意到的一些迹象。

当你把幼儿当作个体来回应时，他们可能：

- 变得更有信心，能力更强；
- 采用特殊的方式与你建立联系，如挥手、微笑、眨眼等，而他们与其他人互动时不会这样做；
- 向你表明他感到和你很亲近，就像查利轻轻地将腿扫过斯泰茜老师的腿那样；
- 在你在场时，更专注于一项活动，或者专注的时间更长。

你可能注意到你自己：

- 不像以往那样不由自主地频繁使用"教学语言"，因为你正在有意识地调整语言以适合幼儿个体的需求；
- 为幼儿提供各种能够满足他们的特定兴趣和具有挑战性的学习机会。

当你努力把幼儿的家庭成员也作为个体进行联系时，他们可能更愿意把自身的兴趣、爱好、特长、故事分享给你和孩子们。比如，他们可能会自愿教孩子们一首他们在孩提时代经常唱的歌，或者做一种他们儿时吃的食物供孩子们在点心时间吃。

你的班级可以准备更多能反映家庭文化和传统的照片、音乐以及物品。

切记

当你通过不断地调整自己的言行来适应幼儿的文化、个性、兴趣、长处和需求,以便与幼儿建立联系时,你就加深了你们之间的关系,使幼儿更有可能利用有力的互动所蕴含的学习机会。

策略 5　向幼儿表示尊重

你的言行要友好亲切、谦恭有礼、体贴周到,让幼儿感到你非常珍视他们

尊重式互动有各种各样的表现形式。思考一下,当你置身于以下情境中时,你会有怎样的感受?

> 你的双手提满了购物袋,此时有人替你打开了门。
> 司机停下车,让你安全地穿过马路。
> 一位邻居知道你身体不适,带着一束鲜花来看你。
> 你和哥哥持不一致的政治观点,但是你们进行了友好热烈的讨论,因为你们都会倾听对方。

现在让我们转向幼儿,看看尊重式互动是如何影响他们的。

与幼儿进行尊重式互动

尊重幼儿,就需要你从幼儿的角度理解问题,也就是通过幼儿的眼睛看问题。以这种换位思考的方式做出的回应,能够让幼儿知道你关心他、重视他。你对幼儿的尊重,会让幼儿想起你们之间业已建立的信任和关心,从而让他在有力的师幼互动中更有信心和能力去探索和学习。

独自阅读下面的故事,或与同事一起阅读这个故事,试着把自己融入阿伦的角色,从而练习一下换位思考能力,并看看他的老师瓦莱丽是如何通过尊重他来与他建立联系的。

有一天,阿伦和妈妈把他的午餐盒落在家里了。如果回去拿,妈妈上班就会迟到,所以阿伦只好什么也没带就去了幼儿园。但是,他真的很焦虑——"点心时间和午饭时间吃什么呢?"于是,他开始哇哇大哭起来。

瓦莱丽老师像往常一样站在教室门口面带笑容地迎接他。但是,当她看到阿伦脸上的泪水时，她迅速变换了表情。她蹲下来对阿伦说："亲爱的阿伦，你哭了！你看起来有很苦恼的事情，我怎么帮助你才能让你心情变好呢？"阿伦想要跟老师倾诉，但是他只哽咽着说出了"午餐盒"三个字。瓦莱丽老师猜到了是怎么回事，便说："你忘带午餐盒了，是吗？你在担心今天吃什么吧？"阿伦啜泣着点点头。

其他小朋友陆陆续续到来了，每个人都盯着阿伦看。瓦莱丽老师牵着阿伦的手，在妈妈的跟随下，来到厨房。瓦莱丽老师领着阿伦看罐装的汤，罐装的花生酱和果酱，以及一些面包和一袋苹果。瓦莱丽老师说："阿伦，我记得你经常带花生酱和果酱三明治作为午餐。上周我们做汤时，你说你喜欢喝汤。今天的户外活动时间，你愿不愿意在室内待一会儿，让沃利先生帮你做午餐呢？"

这时，阿伦已经哭得不那么厉害了。他说好的，还问点心时间他可不可以吃一个苹果。瓦莱丽老师让他挑了一个他喜欢的苹果。他洗好后，把它放到自己的储物柜里。之后，阿伦顺利地参加活动，快乐地度过了这一天。

瓦莱丽老师通过以下行为向阿伦表示了尊重并与他建立了联系。

> 与阿伦谈话时，称呼阿伦的名字。
> 变换面部表情，以适应阿伦当下的情绪。
> 蹲下来，与阿伦的视线齐平。
> 接纳阿伦流泪的事实，说："亲爱的阿伦，你哭了！"
> 询问阿伦怎样才能帮到他。
> 倾听阿伦说的话，并理解它们的意思。
> 尊重阿伦的隐私，牵着他的手将他带离集体。
> 根据以往她对阿伦的偏好的观察，提供午餐。
> 邀请阿伦一起寻找解决问题的方法。

向幼儿表示尊重的技巧

利用下面一些简单的方法，向幼儿表示你对他的尊重，以此增强他的自信心和胜任感。

- 使用温暖、平静、自然的语调。在与幼儿交流时,要全身心地关注他,感情要真诚。
- 与幼儿交谈,而不是对着他说个不停或者谈论他。
- 当幼儿同你交谈时,要专心地倾听。
- 要有礼貌,避免嘲笑、贬低、讽刺幼儿。
- 引导幼儿的行为时,要私下交谈。提醒他回想一下,为什么要遵守规则;和他讨论,他应该怎么做。
- 触摸幼儿之前,要征得他的同意。比如,"哇,昨天你剪头发了!咱们能击掌庆祝一下吗?"
- 每天给幼儿和你自己一个全新的开始。让昨天的烦恼随风而去,用开放的心态迎接今天的所有可能性。

提醒自己

每周,在便笺纸上写下一条如何尊重幼儿的建议,并把便笺纸贴到你能够看得见的地方。尽量养成按照建议去做的习惯!

审视现实

班里总有那么一些幼儿,你喜欢他们胜过其他人。当然,你不必喜欢每一个幼儿,但作为专业的幼儿教师,你必须尊重每个幼儿,并支持他们的发展和学习。

效果怎么样

当你在日常工作中践行尊重式互动时,你很可能会注意到,它给幼儿、幼儿家长和班级环境带来了积极的影响。寻找线索,证明你的努力付出正在得到回报。

当你尊重幼儿时，幼儿感受到了你的尊重，并因此学会了相互尊重。你会看到幼儿：

> 互相帮助；
> 更多的时间是两两结伴或者三人一组活动，而非独自一人；
> 更容易与同伴分享材料；
> 学会了轮流做事；
> 倾听彼此的故事；
> 相互之间更有爱心；
> 会说"请"和"谢谢"；
> 犯错后，不用提醒就能道歉。

当幼儿家长感受到你对幼儿和对他们的尊重后，他们会更愿意与你分享育儿问题和困难。

随着你与幼儿家长建立新的联系，你可能会发现自己正在了解不同的文化、种族、语言群体或者有特殊需要的幼儿（如身体、情感、智力、发展等方面）。针对班上的所有幼儿及其家长，了解什么对他们很重要，这也是对他们表示尊重的一个必要部分。

班级环境也能够反映出你对幼儿的尊重，以及你与他们之间的关系。比如，将墙壁清理干净后，把幼儿的美术作品挂在上面观看和欣赏。你也可以把你和幼儿一起写的关于他们日常经历的书摆放在书架上，如《伊薇娜踏进了一个水坑》(*Yvanna Steps in a Puddle*)、《弗朗西斯科又有了一只小猫》(*Francisco Has a New Cat*)等。

切记

在与幼儿建立联系时尊重他们，能够巩固你与幼儿之间的积极关系，给予他们所需的信任和安全感，为他们成为有信心、有能力的学习者打下基础。

策略6　引导幼儿的行为

设置明确的界限，示范合作性行为，以尊重的态度对待幼儿的挑战性行为，以此帮助幼儿表现出积极的行为

设想一下，你正处于一种陌生的场景，你不确定什么样的行为举止是适宜的。或许，遇到以下情况时，你会产生这种感觉。

> 开始在一个新机构工作。
> 离开学校几年后，重回学校上学。
> 在正式场合，跟一群来自另一种文化的朋友打交道。
> 参观一个与你所在的地方文化截然不同的国家或社区。

如果有人引导你，是否会让你感到更轻松、更自信？那个人说了什么，做了什么呢？过后，你对帮助自己的那个人有什么样的感受？

以积极的方式引导幼儿的行为，与幼儿建立联系

引导幼儿的行为贯穿于幼儿的一日生活，并不仅仅存在于当幼儿的行为不安全或不能接受时。在引导幼儿的行为时，要确立可预测的一日常规，与幼儿一起制定明确的规则，为幼儿树立友善和尊重的榜样。同时，也要留意周围正在发生的一切。这样一来，幼儿就能建立自信心，拥有安全感，觉得自己得到了老师的关注。幼儿会将你的关注和引导看作最贴心的抱持——可以包容他们的一切，他们知道你会永远站在他们那一边。

有时候，幼儿的行为需要你给予更具体、更直接的关注。这时，你如果以消极的情绪而不是平静和慎重的态度来回应，就会削弱你正在努力同幼儿建立的积极关系。

当然，你可以使用正念（mindfulness）策略将这些挑战性场景引向积极的方向，比如，说话之前先做3次深呼吸，或者通过将注意转移到自己毛衣的质地或墙上所挂画作的颜色来调整感官知觉、平复情绪（Erwin et al., 2017）。这些策略可以很轻易地让你记起"你是幼儿中的一员"，并且你也希望幼儿有这样的感受。当你真的依据这样的理念与幼儿建立联系、加深彼此之间的关系时，幼儿就可能习得新的、更积极的行为。

做到如下几点，你就开启了有力的互动的大门。

（1）**你想要幼儿怎样对待你和他人，就怎样对待幼儿。**接受你的照料和教导的幼儿，通常情况下会非常尊敬你，也想成为你这样的人。所以，当你示范了积极的合作行为时，他们就更可能以积极的方式彼此互动。

罗伯特是一个活泼好动但有时带有攻击性的一年级小学生。凯特老师竭尽全力以尊重的方式对待罗伯特，她的付出得到了回报。这天，凯特老师欣喜地看到，罗伯特向操场上的一群幼儿走去，他并没有挤进去抢球，而是问道："我能和你们一起玩吗？"过后，凯特老师对罗伯特说："罗伯特，你真是好样的！我看到你请求加入游戏。"凯特老师开启了一次有力的互动，肯定了罗伯特加入同伴游戏时的新行为。

（2）设定明确的、符合实际的行为界限，让幼儿拥有安全感。当你设定了行为界限时，幼儿就能知道自己应该做什么、不应该做什么，就会产生安全感，就能和你建立信任关系。行为界限也能让幼儿知道，什么样的行为是安全的、可以接受的。

请看下面这两个例子。

午餐时间，3岁的阿莱詹德伸手拿了一把黄油刀，自豪地在脆饼上抹了一些鹰嘴豆泥，然后站起身来，拿着小刀往角色扮演区走去。"阿莱詹德，"格林老师说，"请遵守我们的规则——使用刀子时要坐在桌子旁。你愿意坐下来吃脆饼吗？或者把小刀给我，洗了手再去玩？"阿莱詹德看了看格林老师，又看了看手中的小刀，然后回到桌子旁。"现在，你可以好好享用这个脆饼了。"格林老师微笑着说。阿莱詹德也笑了，嘴角还挂着饼干碎屑！

＊ ＊ ＊

凯莉是格林老师所在的混龄班上的一名婴儿。午睡时间，格林老师一边抱着凯莉轻轻地晃动，一边轻声哼着摇篮曲。凯莉伸出手，使劲拽格林老师的头发。格林老师轻轻地把凯莉的手拿开，温柔地对她说："你抓疼我了，我们要温柔地对待别人。"然后，格林老师用手温柔地抚摸着凯莉的头。

（3）控制你的情绪，从而帮助幼儿控制他们的情绪。发脾气、咬人或者打人等极端行为，都是幼儿有强烈情绪时的表现。面对这些行为，你很可能产生强烈的情绪反应。然而，此时幼儿更需要的是你站在他们的立场上，和他们在一起。你可以借助你们之间已经形成的积极关系和情感纽带做出适宜的回应，从而既有益于幼儿，又强化了你们之间的关系，还能促使幼儿从问题情境中学习。下面来看一下瓦尔加斯老师是如何利用有力的互动来防止谢利出现咬人行为，并和她建立联系的。

这天上午早些时候，3岁的谢利咬了另一个小朋友。之后，瓦尔加斯老师一直密切留意着谢利。他注意到，谢利向由硬纸箱制作的小屋走去，那里有两个幼儿正在玩游戏。"可能要有麻烦,"瓦尔加斯老师想。他环顾了一遍教室后发现,其他幼儿都在忙着玩游戏。瓦尔加斯老师深吸了一口气,朝他的同事点了点头,让她知道自己要去关注谢利。然后,瓦尔加斯老师也向着硬纸箱小屋走去。同时,瓦尔加斯老师迅速进行了自我检查:"我知道,我仍然对早上谢利咬人的事感到很恼火。我想,她自己也感到了不安。我需要控制这种情绪,真正平静下来,这样才不会给我们的互动增添任何紧张感。"

瓦尔加斯老师走近后发现,谢利正推门想强行进入小屋。小屋内的两个幼儿开始抗议,于是谢利更用力地推门。正当谢利张嘴凑向卡雷的胳膊,想要咬他的时候,瓦尔加斯老师介入了。他轻轻地但坚定地抓住了谢利的肩膀,平静地说:"谢利,我不会让你咬卡雷的。我会帮助你加入他们的游戏。"谢利抬起头看着老师。几秒钟后,她靠向老师,表情也随之放松了下来。他们之间建立了联系。

当幼儿出现咬人或其他极端的行为时,你必须关注并制止这种行为,保护每个幼儿的安全。不过,即便在这种情境中,幼儿需要你做的仍然是到场和尊重,而不是发怒。有时候,你可能需要一位心理健康专家给你提供一些指导,帮助你支持幼儿。

审视现实

有时候,你的消极情绪或者偏见会妨碍你和幼儿进行有力的互动。这是很可能发生的。一旦发生了,你一定要记得自己是专业的幼儿教育工作者,这意味着你要花时间反思自己,以积极的方式重新与幼儿建立联系,进而继续加深你们之间的关系。

引导幼儿行为的技巧

记住,每天在与幼儿互动时,都要引导他们的行为。你可以使用以下方式进行引导。

（1）**对幼儿个体的期待要符合实际**。在斟酌幼儿需要哪种引导时，一定要考虑到幼儿的年龄特点和生活经历。比如，梅森的妈妈生病住院了，那么梅森有害怕、易怒、焦虑等消极情绪，是完全可以理解的。此时，他需要你的额外帮助来应对这些负面情绪，并避免与其他小朋友打架。

（2）**定期环顾教室，及早发现问题**。班级中哪个幼儿的行为需要你通过有力的互动来进行引导呢？是否有正在酝酿着的潜在的问题行为？

> 阿特姆老师注意到艾丽西亚正在玩积木游戏，但是她搭建的高塔总是倒下来。阿特姆老师想："艾丽西亚的妈妈告诉我，艾丽西亚早上因为不能穿最喜欢的紧身裤而发脾气了，因为紧身裤还没洗好。我能够看出她现在很焦躁，我怎样与她互动才能从一开始就避免她出现挑战性行为呢？我需要过去坐在她旁边。"

（3）**与同事进行协调**。在上文的案例中，瓦尔加斯老师点头示意同事，他要去帮助谢利。对于何时何地与幼儿互动以防止冲突和紧张的情况发生，你和同事要学会彼此暗示。

（4）**与幼儿家长合作**。要让幼儿家长知道，每天了解幼儿在家里的生活起居情况，对你来说是多么重要。早上入园时，请家长分享幼儿在家的睡眠、饮食、如厕、情绪等信息，可以帮助你预测并以积极的方式引导幼儿在幼儿园的行为。比如：当你知道埃莉诺前一天晚上没有睡好时，你就可以让她上午小睡一会儿，或者当你们去公园散步时，用小推车推着她，这样她就不会因为疲倦而大发脾气，你也不用散步到中途就得带着埃莉诺回教室了。

（5）**用长远的眼光看问题**。记住一点，学会行为举止得体和与他人友好相处，需要时间和练习。即使成人如我们，有些也仍然处在学习中。

（6）**帮助幼儿学会自我调节**。教给幼儿一些技能，如坚持、轮流、在不伤害他人的情况下表达自己的情绪等，对于引导幼儿的行为至关重要（NAEYC，2018）。

（7）建立清晰、一贯的生活常规。让幼儿知道下一步要做什么（NAEYC，2018）。

（8）规划小组活动项目。让幼儿学会如何一起"工作"和游戏（NAEYC，2018）。

下面这些技巧可以帮助你有效地应对幼儿的挑战性行为。

（1）把个人感受和偏见放在一旁。经常发生的情况是，幼儿的挑战性行为导致你和幼儿针锋相对。要记住，你们是一个"战队"的。

（2）要明确，问题在于幼儿的行为，而不是幼儿本身。你要预防或者制止的是幼儿的咬人、打人或推搡行为。同时，要向幼儿保证，你并没有因此而不喜欢他。

（3）使用坚定、平静而严肃的语气。在应对幼儿的挑战性行为时，不要发火。发火会吓到幼儿，而当幼儿感到害怕时，他们是学不到任何东西的。

（4）运用你的幽默感。只要场景和对象适合，你可以扮个鬼脸、跳支滑稽的舞蹈、哼唱诙谐的童谣或讲个好玩的笑话，这些都能魔法般地缓解当时的紧张氛围。

效果怎么样

当你鼓励幼儿的积极行为时,你是否与幼儿建立了联系并为他们奠定了学习的基础?如果出现下面这些迹象,那么说明答案是肯定的。

幼儿可能:

> 更放松、更自在;
> 在与同伴一起学习和游戏时,引用你在引导他们的行为时所说的话,比如"打人是不安全的""使用语言,而不是动手""这里的空间容不下我们所有人一起玩";
> 引用你的话来提醒幼儿行为举止要适宜。比如,乔治开始在屋里跑来跑去,然后他慢下来,自言自语道:"在屋里只能走,不能跑。"

你可能:

> 使用更平静的语气来引导幼儿的挑战性行为;
> 预见到更多可能会导致挑战性行为的情况,注意到挑战性行为发生得越来越少;
> 与具有挑战性行为的幼儿建立了更积极的关系。

幼儿家长可能:

> 开始更多地谈论应该鼓励幼儿的积极行为,而不是强迫幼儿守规矩;
> 向你请教如何鼓励幼儿的这种行为,与你分享他们在家是如何鼓励幼儿的这种行为的。

你可能也注意到,当幼儿习得积极的行为后,你所在的班级氛围变得更融洽了。

 切记

引导幼儿的行为,是与幼儿建立联系并增强你们之间关系的一种方法,它有可能把潜在的行为问题转化为学习的机会。

策略 7　让信任持续加深

通过一段时间的多次互动，持续地关注幼儿，回应他们发出的信号，让他们感到安全和安心

想一想你所信任的某一个人，当你们在一起时，你有什么样的感觉？是什么让你信任这个人的呢？

下面是一些教师针对他们所信任的人给出的回答：

> "我爷爷总是有时间倾听我。"
> "我想起了我的姐姐。她总是在我身边，是我的依靠。"
> "我真的很信任我最要好的朋友，因为她知道我需要什么。"
> "每当我回想我所信任的老师时，脑海里就会浮现出我的二年级老师的身影。即使过了这么多年，我依然记得，只要举手说出我的想法，她就会欣然接纳和欣赏。"

值得幼儿信任

信任，是与幼儿建立积极的关系和拓展他们的学习的基础。当幼儿信任你时，他们就会很放心地让你知道他们有什么样的感受以及什么东西对他们来说很重要。你们之间的这种联系，可以让幼儿放心地探索、了解周围的世界，大胆地冒险。

下面请看贾尼丝老师是如何利用每天早上的入园时间来加深她与索菲娅之间的信任关系的。

这天早上，交通比往常要拥堵得多。贾尼丝老师到达幼儿园的时候迟到了，她很着急。

不久之后，3岁的索菲娅也来到了幼儿园。她站在教室门口，怯怯地咧着嘴笑，然后低下头看了看自己崭新的红色运动鞋，又看了看贾尼丝老师，心想："昨天，贾尼丝老师记得我最喜欢的颜色是红色，现在她能不能注意到我的这双红色运动鞋呢？"

贾尼丝老师注意到了索菲娅的表情，心想："索菲娅咧着小嘴笑，是在邀请我互动呢！调制颜料可以等会儿再做，我要去和她建立联系，让她知道我在注意和关心她。"于是，贾尼丝老师放下手头的工作，到门口迎接索菲娅。她蹲下身子对她说："索菲娅，你穿了一双新的红色运动鞋啊！它们和你爸爸的夹克一样都是红色的，红色也是你最喜欢的颜色。你的脚长得太快了！那双旧运动鞋都小了，穿不下了！"

索菲娅抬起一只小脚，让贾尼丝老师凑近看她的运动鞋。贾尼丝老师笑了，路上堵车带给她的心烦和迟到带来的焦躁都随风而去。她与幼儿的一天又开始了。

幼儿是通过成人的言行学会信任成人的。贾尼丝老师注意到了索菲娅发出的想引起老师注意的信号，并做出了回应。通过多次这样的微小互动，索菲娅知道她可以信任贾尼丝老师，她们之间的关系得到了加强。贾尼丝老师利用这次机会开启了一次关于"尺寸"和"红色"的有力互动。

你也可以像贾尼丝老师那样，通过逐渐赢得幼儿的信任，与他们建立联系。幼儿也会像索菲娅一样开始明白，他们可以依赖你并享受与你建立联系的快乐时刻——让他们感到安全，感到被看到和被理解的时刻。

让信任持续加深的技巧

你可以使用以下策略与幼儿建立信任的关系。

（1）**认真观察幼儿**，告诉他你看到和听到了什么。这样做，可以让幼儿知道你正在关注他。上面案例中的贾尼丝老师注意到索菲娅咧着嘴笑，于是走过去赞美她的新鞋子。

（2）**倾听和回应幼儿**，让他知道你关心他。上面的案例中，索菲娅运用面部表情和身体语言跟贾尼丝老师"对话"，贾尼丝老师"倾听"并做出了回应。有时候，幼儿可能会口头请求你去关注他。比如，萨拉喊道："快来看看我搭的积木！"这时，你可以说："我迫不及待地想过去看看，我和利亚姆玩完这个游戏就过去。"

（3）**跟幼儿谈谈他的家人**。这样，即使他不跟家人在一起，也依然会感到与家人之间的联系。

那天上午晚些时候，贾尼丝老师带着索菲娅和其他几个小朋友到外面观察颜色。贾尼丝老师说："这个苹果让我想起了索菲娅的红色运动鞋和她爸爸的红色夹克。"

（4）**信守承诺**，让幼儿知道你是可以依靠的。比如，你可以对 2 岁的奥斯汀说："我向你承诺过，我们要读《十个手指头和十个脚趾头》[①]。现在，我们来读一读它吧！"

（5）**让幼儿知道可以期待什么、接下来会发生什么**。这样，幼儿就会感

[①] 该书的简体中文版由北京联合出版公司于 2019 年出版。——译者注

到安全和安心。

莉萨老师对幼儿说:"明天,拉沙尼的妈妈会给我们带来一种特殊的点心,但是她没办法在我们平时的点心时间送过来。因此,明天我们的户外活动要改在点心时间前开展,而不是点心时间后了。那会感觉很不一样,是吧?"

(6)接纳幼儿的情绪,让幼儿知道他们可以放心地分享自己的感受。比如,对于一个闷闷不乐的幼儿,你可以给他一个拥抱,把他抱起来放在膝盖上,或者在他旁边坐下来,用轻柔的声音跟他聊一聊。要让他知道,你会在他身边帮助他。

(7)保持好奇心,敞开心扉接纳无限的可能性。你可能会注意到,一旦你与幼儿有了眼神接触,双方就都会很好奇地想要和对方建立联系。

审视现实

很多时候,你不能立即就到某个幼儿身边去。告诉这个幼儿你什么时候能够过去,从而让他知道你在意他,同时有助于他学会等待。

效果怎么样

寻找线索,证明你正在与幼儿建立联系以及你们之间的信任关系正在加深。幼儿可能:

- 与你分享自己的感受;
- 告诉你什么对他很重要;
- 探索新的物品和材料;
- 冒险尝试新的活动;
- 向你寻求安慰;

> 跟你一起大笑；
> 寻求你的帮助；
> 模仿你的言行。

当家长感知到他们的孩子跟你在一起时很舒服、很自在，他们就会跟你进行更多的分享和交流。随着你与幼儿之间的联结不断加深，你会感到精力充沛、活力满满，同时对幼儿有了新的了解。你的班级环境氛围也会让幼儿、家长和你感到更放松。

> 一旦我对自己友好一些，不再要求事事"完美"，我就发现我和自己、和幼儿之间的联结变得更加真实了。
>
> ——婴幼儿教师　阿什利·米歇尔

随着对劳动力的要求越来越高、对劳动力越来越重视，我们经常发现自己背负着巨大的工作责任。我们努力工作，充满激情，渴望尝试新的东西或增加更多的东西，因为我们听说这就是"最佳实践"。我们当然希望为幼儿提供最好的教育，然而，风险在于，我们承担了太多，以至于失去了真正重要的东西。我们失去了自我表达，失去了与幼儿建立联系的机会。我们因从平凡中寻找不平凡而分心，但庆幸的是，幼儿不会这样。

当我们能够花点时间——哪怕只是一个短暂的瞬间——去寻找那些使我们的工作有意义的简单事物时，我们就有希望在工作中获得最大的效果。有力的互动支持我们珍惜这些简单的事物。班级中，当我们以教师的身份到场时，我们更能肯定自己是有价值的个体。通过观察和欣赏班级中的幼儿，我们正在直达工作的核心——彼此间建立联系。利用到场和建立联系，我们能够为幼儿和我们自己找到最有意义的方法来拓展学习。希望有力的互动这个方法，能够使我们在面对工作和日常生活的不断要求时更务实，更脚踏实地。

——幼儿教师 雷切尔·贾米森

对我来说，与幼儿建立联系就像在跟幼儿跳一支舞蹈。我观察并试图理解幼儿的情绪和兴趣，然后试着加入，我可能对他微笑，也可能说些什么。这就像尝试把两块拼图匹配起来一样，从而让幼儿知道我就在他身边，可以帮助他平静下来。

每个人都以自己的方式与他人建立联系。你可以了解、研究一下。然而，你如何与幼儿、家长或者同事建立联系，与幼儿是谁，你是谁以及你如何向幼儿、家长和同事展示自己，都有很大的关系。

了解每个幼儿并弄清楚如何帮助幼儿学习，是需要时间的。如果有同事跟你搭班，那么他可以帮助你。当你们之间配合默契时，你就可以随时集中注意，与个别幼儿建立联系。

——"早期开端计划"教师 罗萨里奥·米查卡

切记

随着师幼之间越来越信任，你们的关系将变得越来越牢固。幼儿在工作、游戏和学习时，也更有可能跟你和同伴进行深入的互动。

第三步
拓展幼儿的学习

在增强你与幼儿之间的关系时,要拓展幼儿的知识和理解力

阅读本章时，停下来思考一下。

把你想添加到教学实践中的点子和策略简要地记下来。

现在，你和幼儿在一起，也许只有 1 分钟，也许只有 5 分钟。你们已经建立了联系，在维持这种联系的过程中，你与幼儿的关系也加深了。如果你同时再对幼儿的学习进行拓展，那么这个互动就可以变成有力的互动。当幼儿知道你能够支持他们探索，并且能够在他们需要时给予他们安慰和保护，他们就会感到很安全、很能干，能够走出去接触世界，或者"到远方"去探索、试验和学习（Cooper，Hoffman，& Powell，2017；Sigel，1993）。把特意建立关系和拓展幼儿的学习结合起来，就是有力的互动的精髓所在。

在有力的互动的第三步——拓展幼儿的学习中，你不仅要向幼儿示范如何学习，还要拓展幼儿的思维，丰富他们的知识。当然，你所采取的方式要适合这个幼儿。无论你教什么样的内容，教学时如何与幼儿互动都影响着幼儿的学习效果。那些与教师建立了积极关系的幼儿，在学习时会更投入。幼儿一旦感受到信任关系所带来的舒服自在感和安全感，他们就更愿意去探索、提出问题、解决问题、尝试新的挑战和表达自己的想法（Epstein，2014；McCormick et al.，2013）。

在"第二步 与幼儿建立联系"一章中，你已经认识了下面案例中的这些教师。现在让我们看看，他们是如何以师幼关系为基础，拓展每个幼儿的学习的。

探索区里，威廉轻轻地把一只塑料昆虫放在一个容器里进行观察。珍妮老师对他的行为很好奇，希望通过有力的互动更多地了解他的兴趣和想法。她慢慢地靠近探索区，蹲在威廉身边。她看到威廉试图把盖子盖到装有昆虫的容器上。珍妮老师的本能反应是伸出手帮他一下，但她没有这样做，而是又坐回来继续观察。几秒钟后，威廉盖上盖子，把容器递给老师拿着，这时他们建立了联系，并进行了眼神交流。而后，威廉把容器举到珍妮老师的眼前，让她看一看。珍妮老师把自己的观察告诉威廉，然后威廉又把容器放在自己眼前看了看。

珍妮老师问："威廉，你能描述一下你看到了什么吗？"威廉描述了他看到的昆虫，珍妮老师对他的观察做出了回应。当他们继续研究并讨论昆虫时，珍妮老师向威廉介绍了一些新词汇，如外骨骼、昆虫的胸部等。

* * *

3岁的西莉亚把一篮子光滑的石头倒在地毯上，然后又逐个放回去，每捡一个，嘴里就随意地说出一个数字。约瑟夫老师挨着她在地板上坐下来，身体倾向她，说："我听见数数的声音了，我正纳闷是谁在练习数数呢？原来是你，西莉亚！"西莉亚说："你想看我数数吗？"

西莉亚随意指着石头，一直数到5。约瑟夫老师决定教她一一对应地数而不是随意地乱数。"我们一起数，好吗？"他问西莉亚。西莉亚朝老师点了点头。之后，约瑟夫老师开始示范如何数物体。他说："我们要用手指着石头数数，每指一块石头，就说出一个数。准备好了吗？"西莉亚伸出手指，与老师一起指着石头数数。

* * *

4岁的卡利德慢慢地、有条不紊地浏览书架上的每一本书。霍尔老师看着他，决定与他进行一次有力的互动。霍尔老师悄然无声地在他身边蹲下，同他一起找一本心仪的书。几秒钟后，卡利德从书架上拿下一本书，平放在大腿上，开始慢慢地翻看。霍尔老师也照他的样子这样做。霍尔老师静静地坐在卡利德旁边，看着他逐渐沉静下来。同时，霍尔老师能感觉到，卡利德对老师坐在自己旁边感到很自在。

霍尔老师说："卡利德，我对你正在读的这本书很好奇。这些画着鞋子的图片看起来非常有趣，我们能一起看吗？"卡利德转过身来看着老师，把书放到两人中间，然后指着一双画着牛仔靴的图片说："这是我最喜欢的。"于是，一场交谈就这样开始了，内容就是卡利德在书中读到了什么和注意到了什么。在交谈中，霍尔老师设法介绍了图画书中涉及的主要概念和有趣的词汇。

拓展幼儿学习的技巧

下面是美国阿肯色州"有力的互动焦点小组"关于拓展幼儿学习的一些方法。

> 当你抱着"我想通过幼儿的眼睛看世界"的态度去拓展幼儿的学习时，你就有机会与幼儿一起学习了。
> 把幼儿说的话写下来，这样会增强你们之间的联系，树立读写的榜样，增加幼儿对你的信任感。
> 多思考，少命令。

"拓展幼儿的学习"是什么意思

有力的互动时刻也是一个教学时刻（teachable moment）——一个有技巧、有意识地对幼儿进行教学的时刻。在有力的互动过

程中，你可以窥见幼儿的经验和思想，因为在这一刻，你的注意全部在这个幼儿身上，集中在她的言行上。正如芒罗（Munro，2008，p.47）所说，"最大的学习机会存在于师幼互动的时刻，教师在这一刻精心创设的学习体验，使学生超越了现有的技能水平。"

> 只有投入全部的身心做到"到场"和"与幼儿建立联系"，才能拓展幼儿的学习。
>
> ——美国田纳西州特级教师　贝丝·吉尔·休伯

在这个富有教学机会的时刻，你必须保持到场，只有这样才能对幼儿个体的学习需求保持敏感，然后有目的地做出回应他们需求的决策。正如每次邀请幼儿建立联系时，你都需要注意幼儿如何做出反应一样，在"拓展幼儿的学习"这一步，你也需要根据幼儿学习与发展的不同方式选择不同的策略。

拥抱拓展幼儿学习的机会

以下三个问题，有助于就"如何拓展幼儿的学习"做出有效的决策。我们将对每个问题分别进行描述，以便你能够仔细理解和思考它们。

在这一刻，教给这个幼儿什么样的内容才合适？

到场并关注幼儿（第一步　到场），观察幼儿正在做的事情中有趣、有意义的方面（第二步　与幼儿建立联系），这两步有助于你了解在这一刻做些什么来帮助幼儿学习。如果这个幼儿正在说话，那么你可以向他介绍一个新词语。如果这个幼儿正致力于思考因果关系，那么你可以问："你认为，那件事为什么会发生？"如果这个幼儿正在数数或者测量，那么你可以把互动集中在数学内容上。如果这个幼儿正在努力探究一个词的发音，那么你可以帮助他读出其中每个字母的发音。

4岁的戴德丽使用红色橡皮泥和饼干模具制作了一系列形状，然后把这些形状从左到右摆成一行。朗达老师在一旁观察着，认识到这是一个好时机，可以用来拓展戴德丽的空间思维（因为她设法在桌子上仔细地把这些形状摆成一行）和她对几何（因为她制作出不同的形状）的理解。

> 教学不是按照教学手册××页上的指令进行的。我们现在认识到，学习是观察、好奇和知识之间的一种平衡，而它们交织在幼儿、教师和家长共享的经历中。对这些经历的反思，为成长和对话创设了一个丰富的环境。
>
> ——幼教项目主任　梅利莎·安德森·拉塞尔

这个幼儿下一步准备学习什么？

一旦决定了关注哪个内容领域或技能，接下来就可以考虑幼儿下一步准备学习什么：他已经知道了什么？他已经做了什么？你要利用对这个幼儿的了解，以及对该内容领域一般学习步骤的了解，决定如何在这一刻对幼儿的学习进行拓展。

你的目标是让幼儿投入学习中，同时也要让他们感到安全和安心。如果你强迫幼儿学习，或者幼儿学习的内容远超他现有的能力，就会让幼儿不堪重负，危害你与幼儿之间业已建立的信任和安全关系。你要让幼儿保持兴趣和好奇心，要让幼儿成功，让他们有动力在下一次走得更远。当所有幼儿都觉得自己得到了教师的关注和回应时，他们就更有可能维持注意、投入学习。

朗达老师采用了镜像对话的策略，说："哇，戴德丽，我看到你很细心地把这些形状从左到右摆成了一行！"通过这种方式，朗达老师让戴德丽知道，自己看到了她并对她所做的努力给予肯定。同时，朗达老师对戴德丽行为的描述，也唤起了幼儿对排列方式和空间方位的关注。

怎样才能使学习对幼儿有意义？

只有当学习与幼儿的已有经验或者兴趣相关时，学习对幼儿才有意义。这就要求你不仅要考虑你对幼儿的已有了解，包括他的知识、能力、兴趣和生活经验，还应关注他此时此刻对什么感兴趣。多一点耐心观察幼儿，就可以避免干扰幼儿的注意，同时也避免了把幼儿带到与当前的兴趣完全不相关的方向。

朗达老师知道，戴德丽经常进行系统性思考，于是决定邀请她用语言描述她的计划，从而将她的学习稍微向前拓展一步。朗达老师说："我很好奇，戴德丽，当你这样排列这些形状的时候，你的小脑袋里正在想什么呢？"

拓展幼儿的学习的例子

现在通过一些例子看看下面几位教师是如何在有力的互动中拓展幼儿的学习的。阅读每个故事时都要思考一下，教师所做的决定是如何带来有力的师幼互动的。

5个月大的阿玛拉趴在地板上，她伸出双手去够玩具乌龟的拉线，但是差了一点，没有够着。拉姆齐老师在一旁观察着，她思考了一会儿才走过去，坐在阿玛拉旁边的地板上。

"哦，阿玛拉，看你的样子，你想要去抓玩具乌龟的拉线吧？"阿玛拉看了看老师，又伸手去够不远处的拉线，同时嘴里发出了咕哝声。拉姆齐老师回应说："你够到拉线后要做什么呢？要我推你一下去够拉线吗？"她轻轻地推了推阿玛拉的身体，让她靠近了拉线。阿玛拉抓住了拉线，把玩具乌龟拉到自己身边，然后双手抓住玩具，高兴地"咯咯"笑起来。拉姆齐老师评论说："看！你拉玩具乌龟的线，然后把玩具乌龟抓在手里了。"

拉姆齐老师本来可以把玩具乌龟拿起来，放得离阿玛拉近一些。如果她这样做了，那么阿玛拉就错过了一次努力实现目标和体验自己能力的机会。但是，拉姆齐老师没有这样做，而是创造了一次有力的师幼互动：她观察了阿玛拉正在做什么，斟酌了当前的情境，然后与阿玛拉建立了联系。之后，她决定通过帮助阿玛拉思考因果关系来拓展她的学习。为此,拉姆齐老师将阿玛拉的身体向玩具乌龟推近了一些,之后庆祝阿玛拉取得的胜利。

班克斯老师注意到,2.5 岁的汤米正站在矮桌旁,把几个橡皮人排成一行。班克斯老师观察了几分钟,花时间思考了一会儿,然后策划了一次有力的互动。他向汤米走去,蹲在汤米身边,说:"汤米,这看起来很有趣啊!我能玩一玩吗?"汤米笑了,把其中一个橡皮人递给班克斯老师。

班克斯老师观察到,汤米开始把橡皮人逐个拿进玩具屋。班克斯老师决定通过关注数概念来拓展汤米的学习。"嗨,汤米,我看到你正在把橡皮人放进玩具屋。你已经放进去两个了,我看到你正在把第三个也放进去。"汤米朝班克斯老师笑了,说:"3。"接着,汤米又拿起下一个橡皮人,说:"4。"当他拿起第五个橡皮人时,用略带疑惑的眼神看着老师。班克斯老师回应道:"现在,玩具屋里有 4 个橡皮人了,1、2、3、4,下一个数是……?"汤米停顿了一下,然后大喊道:"5!"

班克斯老师把这一时刻变成了一场有力的互动。首先,他观察了汤米正在做什么;然后询问汤米他能不能加入游戏,与他建立了联系。为了维持他和汤米之间的积极联系,班克斯老师缓缓推进,随后通过创造一个好玩的数数游戏,拓展了汤米正在玩的游戏。如果班克斯老师只是来到汤米面前,径直问"玩具屋里有多少个橡皮人呢",那么这一次有力的互动就不会发生。

4 岁的德瓦尔正坐在餐桌前,从杂志上剪下图片,然后将它们粘到一张美术纸上,制作拼贴画。另一个 4 岁的幼儿雅基坐在他的旁边,他们轮流向对方讲述拼贴画上的图片。德瓦尔说:"我有一辆车。"雅基说:"我有一座摩天大楼。"伊莎贝尔老师搬来一把椅子坐下,观看这一来一往的游戏。几分钟后,她决定参与其中。

"你俩在玩拼贴画的游戏啊?我一直在听,很有趣呢。我能一起玩吗?"两个幼儿同意了。轮到伊莎贝尔老师讲述了,她指着拼贴画说:"我看到你俩的拼贴画里有不同的动物。"两个幼儿快速扫视了各自的拼贴画，德瓦尔说："是的，我有一匹小马、一头长颈鹿、一只鸟。"雅基插话道："我有一只熊猫、一只蜥蜴和一只蝴蝶。"

伊莎贝尔老师发现了一个机会来稍微拓展他们的语音意识，她说："嗨，我听到你们的动物中有相似的东西！德瓦尔有匹 pony（小马），雅基有只 panda（熊猫）。我来说每个词，你俩仔细听——pony……panda。每个词的开头，你们听到的是什么？"两个幼儿做出夸张的口型，说："P！"等再一次轮到伊莎贝尔老师的时候，她帮助他们听两个首字母发音相同的单词"bird"（鸟）和"butterfly"（蝴蝶）。之后，德瓦尔和雅基继续玩游戏，他们在拼贴画中找到了其他一些首字母发音相同的单词。

伊莎贝尔老师本来可以快速进入游戏，向每个幼儿提问拼贴画中图片的首字母发音。但是，这样做可能会打断幼儿自发的游戏。所以，伊莎贝尔老师用了一些时间去观察两个幼儿正在做什么，然后想了一个方法去拓展他们正在玩的游戏，同时也把他们的注意力集中到了单词的首字母发音上。伊莎贝尔老师成功地与两个幼儿同时进行了一次有力的互动。

一年级教师尤安使用几何板教学生了解不同形状的周长。这天，幼儿两人一组，解决他给出的难题：使用几何板和橡皮筋拼出周长相等的一个正方形和一个长方形。他观察着天生失明的利娅如何与莫尼特一起解决这个难题。利娅对莫尼特说："我拼了一个正方形，周长是8个节段，你的长方形周长是多少？"莫尼特说："我还没有拼完呢！"

这时，尤安老师决定与这两个女孩建立联系，他说："利娅和莫尼特，你们拼得很投入啊！我能坐下看一会儿吗？"两个女孩异口同声地说："当然能！"莫尼特拼完长方形后，说："看，我的长方形拼好了。"利娅问："周长是多少呢？"莫尼特说："我不知道。"尤安老师看到了拓展她们学习的一个切入口："利娅，你能对莫尼特说说怎么计算长方形的周长吗？"利娅说："莫尼特，你的长方形在什么地方？带我看看。"莫尼特抓起利娅的手，放到长方形上。利娅说:"现在看看我是怎么做的。"然后,她大声数着图钉之间的节段。她数了10个节段,说:"周长不一样,我的正方形只有8个节段。"

尤安老师给利娅增加了挑战的难度:"你能不能告诉莫尼特怎样改变一下长方形,让它的周长变为8个节段而不是10个节段?"利娅摸着图钉,解释说:"把几何板从这两个图钉上拿下来,放到这两个图钉这里,使长方形变短。"莫尼特照着做了。尤安老师观察后说道:"莫尼特,你照着利娅的指导做,现在你们成功地解决了这个难题!"

尤安老师本来能够帮助莫尼特自己去解决问题,但是他在观察了每个女孩做的事情之后,决定拓展她们的学习,引导她们一起努力、互相学习。

在以上例子中,教师为了帮助幼儿学习做出了三个决定:①关注幼儿正在学习什么内容;②幼儿下一步准备学什么;③如何把幼儿的新学习与他们已经在做的和思考的东西联系起来,使学习对他们有意义。

拓展幼儿的学习的十大策略

下面你将会了解到十大策略,你可以在有力的互动中使用这些策略来拓展幼儿的学习。

(1)**引导幼儿将自己视为思考者**。在幼儿面前说出你的想法,鼓励幼儿关注自己的想法,以新的方式思考,用语言将所思所想表达出来,并学会欣赏他人的思考,从而拓展他们的学习。反过来,你也将更擅长提出问题,向幼儿提出涉及高阶思维能力的挑战。

(2)**对幼儿的好奇做出回应**。好奇心激励着幼儿去学习和探索。当你注意到幼儿展现出好奇时，这正是鼓励和拓展他们学习的一个大好机会。支持幼儿的好奇心，也将提升你的好奇水平，使你成为幼儿学习的有力榜样。

（3）**采用镜像对话**。当你给幼儿提供反馈时，他们会感到自己受到了关注，同时自己的"工作"受到了重视。你对所看到和听到的幼儿言行进行反馈，能够拓展幼儿的学习，帮助他们意识到自己的行动和思维。采用镜像对话，也能让你有时间去仔细观察，看看幼儿知道什么和能够做什么。

（4）**开展对话**。不论是言语对话还是非言语对话，都能加深你和幼儿之间的关系，同时能够增强幼儿的语言意识，拓展幼儿的理解力和思维能力。对话也是师幼互动和施教的一种愉悦的方式。

（5）**鼓励想象性游戏**。幼儿的想象性游戏能够发展他们的象征性思维能力——思考不在他们面前的人、事和物的能力。此外，当你通过幼儿的眼睛看世界时，你也正在实践着换位思考的宝贵技能，你会重新发现假装游戏带来的乐趣！

（6）**一起解决问题**。通过与幼儿合作，帮助他们通盘考虑解决问题的步骤，使用多种策略，以及培养积极的解决问题的态度。与幼儿合作解决问题，有助于幼儿产生强烈的班集体归属感，从而使你的工作更有成效。

（7）**使用丰富的词汇**。在与幼儿互动时，你使用的词语越复杂、越多样，幼儿的词汇量就越大！幼儿的词汇量和学业成功有着密切的关系，所以这也是拓展他们学习的一个关键方式。此外，不仅幼儿的词汇量会增加，你自己的词汇量也会增加！

（8）**与幼儿一起欢笑**。当你把幽默带入师幼互动时，你就使幼儿接触了新的思维方式和语言游戏方式，从而拓展了他们的学习。你也可以把一些生活技能教给幼儿，比如：如何与他人友好相处、一起大笑、缓解压力等。增添更多的笑声和幽默，也会让教室成为更美好的地方，能够降低幼教工作带来的高压力。

（9）**提问**。以正确的方式提正确的问题，能够实现很多目标，包括点燃幼儿的好奇心，促进他们以新的方式思考（Strasser & Bresson，2017）。真正富有智慧的教师通常会储备大量的问题，随时可供使用。你使用这个策略越频繁，你的问题储备量就越大，你的教学也就越有效。

（10）**把新的与熟悉的联系起来**。帮助幼儿把新概念、新信息与他们已知的和感兴趣的东西联系起来，这样他们将更有可能记住和使用学到的东西。在有力的师幼互动中，你可以创造这种联系，比如：展示幼儿的作品，邀请他们反思自己的学习，回忆自己取得的成就。当你为幼儿创造这种联系的技能水平越来越高时，幼儿开始感到与你更亲近，因为你太了解他们了。伴随着这种亲近，他们更加渴望与你合作，从而让班级生活变得更加容易管理。

在探索上述每一种策略时，你将会明白它们在许多方面是相互联系、相互重合的。当你与幼儿一起解决问题时，你会提问；当你与幼儿对话时，你会使用丰富的词汇。正如我们所描述的"第二步 与幼儿建立联系"中的每一种策略一样，我们也将对这10种策略分别加以描述，这样你对每种策略都能获得更深入的理解。

接下来将逐一探索第三步中的10种策略。

审视现实

刚开始践行有力的互动时，一次只与一个幼儿进行互动会更容易一些。但是，随着有力的互动逐渐成为你的一种教学方法，你会发现，有时候你能够跟不止一个幼儿同时进行有力的互动。

策略 1　引导幼儿将自己视为思考者

留意幼儿的思考，帮助他们更加清晰地意识到自己和他人的思考，并更自信地表达自己的思考

我在想什么？开动脑筋思考。好好想想。三思而后言。痴心妄想！我只是把我的想法说出来。我现在没法头脑清醒地思考了！跳出固有的思维模式。思维敏捷。我满脑子想的都是你！

虽然我们经常使用"想""思考""思维"这些基本同义的词，脑海中也总是充满各种想法，但我们是否真正停下来认真想过"思考"的含义呢？

停下来考虑一下，"思考"对我们有什么帮助？我们通过思考能够：

› 加工语言
› 解决问题
› 做出选择

> 提前计划
> 记住细节
> 畅想未来
……

在有力的互动中与幼儿一起思考

关注思考，能够拓展幼儿的学习，把日常互动变为有力的互动。你可以帮助幼儿将自己视为思考者。

（1）**帮助幼儿更充分地意识到自己的思考。**幼儿通常能意识到自己的身体在做什么，但意识不到自己的脑袋在想什么。

你可以提出以下问题：

> "你在想什么呢？"

- "你的小脑袋正在想什么呢?"
- "你是不是在想你新养的小猫咪?"

（2）**帮助幼儿注意别人的思考**。当你把你的思考告诉幼儿，并鼓励他们去听听其他幼儿是怎么想的时候，他们就开始懂得不同的人有不同的思考方式。

- "这就是我的想法。"
- "我们来听一听弗朗辛是怎么想的，好吗?"
- "我敢说，对于这个故事，我们的想法各不相同。"

（3）**邀请幼儿大声说出自己的想法**。这样做有助于他们理清脑海里的想法和思绪。

- "告诉我，你在想什么?"
- "解释一下你的想法，让我们都明白你是怎么想的。"

（4）**鼓励他们尝试新的、不同的思考方式**。在你的引导下，幼儿的思考能够变得更加成熟和复杂。

- "你怎么描述这件事?"
- "它们为什么是一样的?"
- "你是怎么解决的?"
- "导致这件事情发生的另一个原因是什么呢?"
- "你怎么看待这件事情?"

以下案例中，希拉老师与4岁的巴萨提进行了有力的互动，请看看这位教师促进幼儿思考的方法以及巴萨提是如何回应的。

希拉老师与巴萨提依偎在一个豆袋椅里，共同阅读一本数数书。在写着数字1那一页上，有1个物体。在写着数字4那一页上，有4个物体，依此类推。当翻到写着数字 8 那一页时，巴萨提的眼睛一亮。

希拉老师：噢，巴萨提，你看起来很兴奋啊！你在想什么呢？

巴萨提：有这么多啊！（他没用手指点数就非常快地说出数字）1、2、3、4、5……

希拉老师：是的，8 是个大数。我们要数完这 8 组物品，真的很费脑筋。你觉得我们应该怎么开始数呢？

巴萨提：我想我们应该慢慢数。

希拉老师：为什么你认为我们应该慢慢数呢？

巴萨提：这样数不会乱。

希拉老师：所以，你认为慢慢数就会数得很有条理。这是一个很好的想法，巴萨提。我也在想，我们是不是可以用手指来点数。

巴萨提：太棒了，你的想法也很好，希拉老师！

你观察到了什么？希拉老师是如何帮助巴萨提更清楚地意识到自己的思考，意识到老师的思考，大声说出或者解释他的想法，以及以新的或不同的方式思考的？

审视现实

思考的方式有很多种，不同的思考方式并没有好坏之分。关注思考并不是要幼儿想出"正确的"答案，而是要帮助幼儿充分意识到自己脑海中的想法，同时能更有信心地向他人表达这些想法。要避免把思考当作竞赛，看谁想得最好！

互动时关注思考的技巧

下面这些技巧可以帮助你在有力的互动中关注思考。

（1）与幼儿交流时，多用"想""思考""考虑"这些词语。比如："你看起来正在努力思考。""考虑一下，今天你想在操场上做什么？""当我读这个故事时，请想一想我们昨天去杂货店参观的情形。"

（2）直接提出问题，并邀请幼儿分享想法。比如，"你在想什么呢？你愿意跟我分享一下你的想法吗？"

（3）用姿势来暗示正在思考。比如，用手点着自己的额头、双眼向上看、挠头或者用手托着下巴说："嗯，我想知道用这块蓝色积木能做什么？""这个问题很好，让我想一下。"

（4）在提出需要幼儿思考的问题之前，让幼儿做好准备。比如，"我要问你一个问题，请准备好开动脑筋吧。"

（5）给幼儿留出时间思考和回应。不要急于告诉幼儿答案。比如，"这个有多少呢？我给你1分钟时间思考。"

（6）帮助幼儿记住，要先思考后回答。比如，"再思考一会儿，然后把你的想法告诉我。"

（7）当注意到幼儿正在思考时，要告诉他。比如，"我注意到，你正在努力思考怎样才能把拼图拼好。"

（8）分享你的思考，把你的思考过程告诉幼儿。比如，"我正在考虑今天要读哪个故事，我记得你很喜欢杰里·平克尼写的故事，所以我问自己，'平克尼写的故事中，还有哪个是阿曼达没有听过的呢？'我认真思考了这个问题，然后决定读《狮子和老鼠》①。"

效果怎么样

由于你在有力的师幼互动中关注幼儿的思考，你可能注意到他们比以前

---

① 该书的简体中文版由浙江人民美术出版社于2018年出版。——译者注

更频繁、更独立地关注自己的思维。睁大眼睛,竖起耳朵,努力寻找线索,证明有力的互动正在给幼儿带来积极的影响,也正在拓展他们的学习。

当幼儿思考时,你可能注意到他们:

> 模仿你的思考姿势,比如,用手点着额头或挠头;
> 互相交谈时使用诸如"思考""想""考虑"之类的词语,比如"你是怎么想的?""这个想法很棒!""动脑筋思考!";
> 能够更轻松、更有能力地解释自己的思考过程,比如"我决定那样画,因为它看起来像书中的插图";
> 高兴地喊出自己的思考,比如"嗨,我想了一会儿,终于想出办法了!"。

切记

当你教幼儿思考时,他们就会将自己看作思考者!在有力的互动中关注幼儿的思考,是实现这一点最有效的方式。

策略 2　对幼儿的好奇做出回应

注意幼儿对事物的好奇心,并以此引导和拓展幼儿的学习

你还记得孩童时自己对什么感到好奇吗?成年后,什么使得你对事物不再感到好奇、诧异,不再去探究?

幼儿天性好奇

当我们年幼时,整个世界对我们来说都是新鲜的。幼儿时期,好奇心比人生其他时期都更强烈、更明显。你从事的是幼教工作,整天与幼儿打交道,因此很容易就可以看到这一点。

来看看下面这些例子。

4个月大的拉蒙抬起头，朝摇铃的方向看去。

* * *

9个月大的特里伸手去够一个塑料挤压玩具，抓到后放到嘴里就咬。玩具"吱吱"地叫，她"咯咯"地笑！

* * *

1岁的马修爬上沙发，掀开一块沙发布寻找自己的泰迪熊。

* * *

1.5岁的兰西亚弯下腰去嗅一朵花。

* * *

3岁的乔塞亚在室外活动时发现了一只甲壳虫，问："这是什么？"

* * *

4岁的费莉西蒂在喂鸟器旁看到一只大鸟，大声喊道："嗨，那只大鸟要吃光所有的种子了！"

* * *

5岁的丹蒂看到蒸汽从茶壶里冒出来，问："热水为什么能冒烟？"

* * *

6岁的阿代拉喜欢马，正在学习怎样画出马的细节。她想画出马快速奔跑的样子，于是在教室图书区找了一本带有马的照片的书。

当幼儿展现出好奇心时，他们正在让你知道他们想弄明白这个世界。他们仿佛在说："我想对世界有更多的了解。"当你欣赏、鼓励和促进幼儿的好奇心时，就为他们的现在和将来，甚至一生打下了学习的基础。

好奇是有力的互动的"邀请"

每天从早到晚，幼儿都在向你展现着他们的好奇心。这些时刻是进行有力的互动的成熟时机，因为幼儿在这些时刻有动力、也渴望去思考和学习。

想一想你班上的幼儿，他们好奇的是什么？知道了幼儿如何展现好奇心和对什么感到好奇后，你可以以此为起点去拓展幼儿的学习。当学习与幼儿的强烈兴趣或好奇心联系在一起时，学习对幼儿来说就是最有意义的。

当你注意到幼儿展现出好奇心时，他们正在向你发出一个邀请，欢迎你通过有力的互动去鼓励和拓展他们的学习。利用幼儿的好奇心，遵循有力互动的三个步骤，你就能够为教学和幼儿的学习创造完美的条件。

（1）**到场**。注意到幼儿的好奇后，深呼吸一次，进行自我检查——"我能加入幼儿的兴趣和兴奋情绪中，与他们正好契合吗？"

（2）**与幼儿建立联系**。让幼儿知道你注意到了他的好奇并且欣赏他的好奇。然后，利用他的好奇去培育和滋养你们之间的关系。

（3）**拓展幼儿的学习**。追随幼儿的兴趣，同时想一想如何稍微拓展一下幼儿的学习。

对幼儿的好奇做出回应的技巧

阅读以下技巧，回顾一下你以往的做法，并选取一两个新技巧试试。

（1）**告诉幼儿你看到他正在做什么，并使用"好奇""好奇心"这样的词汇**。这样一来，幼儿就能知道你珍视他的好奇心，同时学会了一个新词。比如，"你对那个声音很好奇，是吧，拉蒙？我们来看看那个摇铃是怎么发出响声的！"

（2）**因幼儿的好奇而感到快乐**。比如，"噢，特里，这太有趣了。你把那个玩具放到嘴里咬得吱吱响！"

（3）**加入幼儿的好奇，并示范你的好奇心**。比如，"马修，我想知道你的泰迪熊去哪儿了。你找了沙发布下面，我们还能去哪儿找找呢？咱们看看书架后面吧！"

（4）**帮助幼儿把现在的发现与原有的经验和知识联系起来**。比如，"兰西亚，你正在闻那朵花！我也要闻闻。噢……好香啊。再闻一闻，它让你想到了什么？"

审视现实

在有力的互动中拓展幼儿的学习,并不需要花费太多时间。这些交流简短而有效!

(5)鼓励幼儿注意一些细节。比如,"噢,乔塞亚,你发现了一只昆虫!我们来仔细观察一下,你看到了什么?"(乔塞亚指了指昆虫的腿。)"是的,我也看到了它的腿。"(他又指着昆虫的触角。)"我也很好奇,不知道触角有什么用?"(他说:"黑色的。")"是的,这只昆虫是黑色的。回到教室后,咱们俩一起在昆虫书里查一下这只昆虫吧。"

(6)联系幼儿正在做的事情提开放式问题,以拓展幼儿的好奇。比如,"费莉西蒂,为什么你觉得那只蓝色松鸦会把种子吃光?"(费莉西蒂解释了她的想法。)"如果你的预测是对的,那只松鸦真的会吃光所有的种子,那么我们应该怎么办呢?"

(7)引导幼儿自己寻找问题的答案,而不是由你回答。比如,"这个问题问得太棒了,丹蒂!你是怎么发现的?你觉得你妈妈可能知道答案吗?需不需要我帮你写下来,这样你晚上回去就可以记得问问你妈妈了?"

效果怎么样

一旦你养成了"在有力的互动中以幼儿的好奇心为基础来拓展他们的学

习"的习惯，你就会注意到一些有益的变化。如果你的周围出现以下这些变化，你就会知道你正在给幼儿带来积极的影响，也正在拓展他们的学习。

当你培养幼儿的好奇心时，你可能会注意到他们：

> 展现出更强烈的好奇心；
> 在谈论自己或与同伴交谈时，会使用"好奇心""好奇"这样的词汇，比如"我对这个很好奇""你好奇吗？"；
> 观察的技巧提高了，会更细致地观察物品，对细节更关注。

随着你更珍视幼儿的好奇心，你可能会注意到：

> 你对幼儿的好奇心更敏感；
> 你自己的好奇心也被重新唤醒了，而且你正在寻找新的方法与幼儿分享你的好奇。

 切记

好奇心是天生就有的，在教学中要好好利用它。好奇心是能够传染的，放手让自己受其"传染"吧！好奇心是学习中不可或缺的成分，所以要培养幼儿的好奇心！

策略 3　采用镜像对话

当你关注幼儿的工作和游戏时，通过告诉他们你看到了什么、听到了什么来给予他们反馈

设想在某个时间，你进入了一个陌生的场景，不太确定要说什么，也许你会：

> 在错误的时间脱口说出错误的话；
> 伤害某人的感情，只因没注意到他的工作或努力；
> 喋喋不休，但说的话都没什么意义。

教师们也有类似的情况。他们在与幼儿互动时，有时不知道要说什么。听听下面这些教师是如何描述的。

> "我总是习惯给予幼儿泛化的表扬,比如,'戴维,你打扫得可真干净!'"
> "我知道我不应该提太多问题,但是幼儿越安静,我提的问题越多。比如,当伊登坐在计算机前时,我连珠炮似的连问他5个问题。"
> "我看到谢雷尔正在使用红色颜料,并且我确信她知道红色,但我脱口而出的话是——'你在使用什么颜色的颜料,谢雷尔?'"

镜像对话如何支持幼儿的学习

在幼儿学习和游戏时与他们交谈,尤其是给予他们反馈,能够拓展他们的思维和学习。但是,有时你很难知道在彼时彼刻对幼儿说什么才是最有效的。有时我们知道应该说什么,但无法控制自己的坏习惯。

在上面的例子中,戴维、伊登和谢雷尔的老师对他们所说的话,不是特别有害,但也不是特别有益。这样的评论和问题对增进师幼关系或者拓展幼儿的发展和学习来说,作用微乎其微。

下面来看一下,"镜像对话"这一策略是如何更有效地给予幼儿反馈的。镜像对话,是指把你听到的或看到的幼儿言行反馈给幼儿。思考一下,当你遇到上述案例中的情形时,你会说些什么呢?

当你观察到戴维正在戏剧游戏区打扫卫生时,你可能会说"戴维,你把这里的每样东西都收拾得干净而整洁",而不是给予泛化的表扬。

* * *

当你看到伊登正在计算机上读故事时,你可能会说"伊登,你读到熊去散步这一部分了",而不是连珠炮似的问一连串问题。

* * *

当你看到谢雷尔正在画架上画画时,你可能会说"看看你画的这幅画,谢雷尔,你已经使用了4种不同的颜色",而不是问显而易见的问题。

镜像对话有助于构建你与幼儿之间的关系,因为它让幼儿知道你正在关注他，并对他做的事很重视。镜像对话也有助于支持幼儿的学习，因为它针对幼儿当下的言行提供了具体的、详细的信息。这种反馈能帮助幼儿更清晰地意识到自己的思考和学习，鼓励他们重复、实践和巩固有助于学习的行为，以及减少或改变无助于学习的行为。

换言之，通过识别和告诉幼儿你希望促进的行为和语言，你可以激励他们重复这样的行为，练习这样的语言，从而发展和提高他们的技能。

尝试一下镜像对话

这是康康，他正在做什么？你会对他说什么呢？

或许，你会走到康康跟前，与他建立联系，对他说："康康，你正忙着把土壤装到花盆里，就像园丁准备种植一样。"

现在，从康康的角度思考一下，你的镜像对话对他有什么效果呢？

> 他也许会感到很高兴，因为你注意到了他正在做什么。
> 他也许会想："噢，这种褐色的东西叫'土壤'，这个东西叫'花盆'！"
> 也许他之前没有考虑过下一步要做什么，但现在他正在考虑下一步——种植。
> 也许他正开始对这项活动失去兴趣，但因为你展现出了好奇心和兴趣，所以他决定坚持下去。

通过镜像对话，你与康康建立了联系，激发了他与你在一起时的安全感和信任感。同时，你使用多种方式支持和拓展了他的学习：让他意识到和关注自己的行为，向他介绍了新的词汇，给了他一些新东西思考，鼓励他继续投入活动，等等。你和康康进行了有力的互动！

你知道吗

当观察到幼儿友好、耐心、合作、勤奋或者其他适宜的行为时采用镜像对话，可以让幼儿知道你很看重这些行为，他们的挑战性行为也很可能因此大大减少。

镜像对话的另一个例子

9个月大的特迪正在玩橡皮鸭。请注意聆听，吉娜老师是如何利用镜像对话与特迪进行有力的互动的。

特迪仰面躺在地毯上，双手抓着一个可挤压的橡皮鸭玩具放在肚皮上。吉娜老师走过去，跪在他旁边说："特迪，你把橡皮鸭抓得好紧啊！"听到老师的话，特迪把橡皮鸭往上举了举，看着它。"你瞧，现在你能够看见这只有趣的小鸭子了！"吉娜老师说。

特迪在空中挥了挥小鸭子，吉娜老师兴奋地喊道："噢，看啊，你让小鸭子飞起来了！你挤挤它，看看它会怎么样？"吉娜老师伸出手，轻轻地放到特迪的手上，和他一起挤了挤玩具。玩具"吱吱"地叫了。特迪看上去有些惊讶，他和老师都笑了。

在与特迪的有力互动中，吉娜老师通过给予特迪有意义的关注，增强了与特迪的关系。此外，她还向特迪介绍了一些精彩的语言，和特迪一起探索了因果关系，从而拓展了特迪的思维和学习。

镜像对话真了不起

当幼儿对自己所做的事情表现出自豪或兴奋之情时,你可以通过镜像对话来反映和分享他的快乐情绪。要做到这一点,你可以在镜像对话中添加一些语气词或者赞美词,比如:"哇!""噢,天哪!""了不起!""瞧瞧你,真厉害!""好酷哦!""来,击掌庆祝一下吧!""祝贺你!"认可幼儿的成就感,也就肯定了他的能力。这样做与泛化的赞扬(如"做得不错")不同,泛化的赞扬只会强化一个空洞的目标——取悦老师(NAEYC,2013)。

采用镜像对话的技巧

关注幼儿的言行,并反馈给他们。 在有力的互动中,使用这个策略非常简单。

- 当看到一个婴儿伸手去够摇铃时,你可以说:"哇!你正在伸出胳膊去拿那个摇铃!"
- 当看到一个学步儿从地上捡起一颗鹅卵石观察时,你可以说:"噢,天哪!你发现了一颗非常有趣的鹅卵石。摸一摸,看看它有多么光滑!"
- 当看到一个3岁的幼儿边搭积木边说"太棒了,我成功了"时,你可以说:"你真棒!你把积木一块摞一块搭了一座塔。我想知道,你能不能把塔搭得更高一些?"
- 当看到一个4岁的幼儿将外套脱下来,挂在衣钩上时,你可以说:"你真了不起,你能够将外套脱下来挂好!我记得你以前很难做到!"
- 当看到一个5岁的幼儿把一片叶子放到放大镜下面观察时,你可以说:"我看到你正在用放大镜观察叶子,你观察到了什么?"
- 当看到一个6岁的幼儿用符号来记录扑克游戏的分数,并且宣布"我找到了一个非常酷的方法来记录分数"时,你可以说:"使用计数符号来记录分数,的确是一个非常酷的方法!你是怎么想到这个方法的?"

> 我经常和 4 岁的幼儿进行一会儿镜像对话,现在他们相互之间也会使用镜像对话。我听到他们说:"我注意到了……"他们真的在观察对方的"工作",并花时间告诉对方自己看到了什么。
>
> ——幼儿教师 金

你知道吗

你不必非得等到幼儿做了令人惊叹的事情时,才使用镜像对话!针对幼儿的日常行为使用镜像对话,其效果就会很好,比如:滚动、爬行、走路、单脚跳、双脚跳、攀爬、牙牙学语、说话、唱歌、吃饭、咯咯笑、画画、积木搭建活动等。注意观察,幼儿对你的反馈是如何积极地回应的。

效果怎么样

经常采用镜像对话的教师发现,它带来了各种各样的积极效应。你也会开始看到身边发生了小小的变化,因为你的反馈对幼儿产生了积极的影响,拓展了他们的学习。

在采用镜像对话后,幼儿开始以新的方式做出回应。他们可能:

- 从盯着你看到冲你微笑、咿咿呀呀、重复你说的话、邀请你一起游戏或者告诉你一个故事;
- 通过告诉你他们在做什么,向你发起更多的互动;
- 自己也开始采用镜像对话。

你的班级氛围可能发生变化,它可能:

- 变得更祥和了,因为幼儿不再吵闹着要求得到你的表扬和认同;
- 呈现出更缓慢的节奏,因为幼儿更长时间地沉浸于自己的活动中;
- 变得更愉快了,因为幼儿做的事情更有意义。

你也可能有所改变，你能够：

> 在幼儿工作和游戏时，更加放松地接近他们；
> 发现幼儿所说、所做的事情更有趣；
> 更多地关注有挑战性行为的幼儿所说、所做的积极的事情；
> 感到自己的教学更有效了，因为你及时利用观察到的信息来引导幼儿的学习。

 切记

你的角色很重要，镜像对话的作用不可小觑！采用镜像对话能够让幼儿更自在舒服，更有信心，同时也能够推动他们的学习向前迈进一小步。

策略 4　开展对话

在与幼儿进行言语和非言语互动时,要通过真正倾听了解他们知道什么和如何思考的,然后慢慢引导他们去考虑新的想法和新的话题

设想一下,你正要去跟一位好友共进午餐,你们俩已经有一年多没见面了。你真的很期待与这位好友好好聊聊,于是思绪开始在你的脑海中盘旋:

> "这次我们聊什么呢?"
> "我想分享什么呢?"
> "我要问她什么呢?"
> "这次会聊哪些令人惊喜的话题呢?我们的聊天总是充满惊喜,这就是我喜欢跟她聊天的一个原因!"

跟某些人对话,为什么会让人如此快乐和满足呢?或许是因为它带给人们一种友谊和陪伴的感觉，或许是因为它让人们兴奋地看到他们的对话将去向何方，或许是因为它蕴含着学习新东西的可能性。

在有力的互动中与幼儿对话

学习是一个社交过程。我们观察、倾听他人时就是在学习。我们与他人玩耍、工作和交谈的过程也是学习的过程，我们会学到新观念、新词语和新技能。通过言语和非言语对话，我们能够彼此联系、交流和学习。已有的研究有力地证明，如果幼儿的爸爸妈妈或者家庭中的其他成人经常与幼儿交谈，那么生活在这种家庭中的幼儿在语言和认知发展以及学业成就方面，通常处于优势地位。此外，当前的研究还发现，幼儿的对话经验与他们大脑的变化之间有着直接的联系。与他人对话的频率或者数量，决定了大脑的区域如何与语言功能相关（Romeo et al.，2018）。

我们所说的对话，不是指关于规则、收拾整理、分享的"管理式谈话"（management talk），而是真正的你来我往的交流。在与幼儿的交流中，你能够更好地了解幼儿知道什么以及他们是如何思考的。你和幼儿之间的对话不仅能够加强师幼之间的关系，而且能够拓展幼儿的学习，比如他们的语言、思维、理解力、对世界的认识，等等。

在下面的故事中，露西老师和18个月大的卡奎特进行了对话。你是否能够发现露西老师是如何把对话变成有力的互动的？她说了什么、做了什么？

卡奎特正坐在图书区的地板上，把硬纸板书一本本摞起来。露西老师注意到了她，心想："今天上午我还没有和卡奎特联系过，现在过去看看发生了什么。"露西老师走过去坐在卡奎特旁边。过了一两分钟，露西老师决定与卡奎特进行互动，她想："我要采用镜像对话，与卡奎特分享我的好奇心。"于是，她说："卡奎特，你摞了这么多的书啊！我很好奇，你要选哪一本读呢？"

卡奎特继续摞书。露西老师思考着下一步要说什么或做什么："嗯……我想问问卡奎特她想要我读哪本书，不过我还是先把嘴巴闭上，看情况再说吧！"过了一会儿，卡奎特从书堆中取出了两本书——《晚安，月亮》①和《拍拍小兔子》(Pat the Bunny)，然后把它们推到露西老师面前。露西老师想："也许让卡奎特带头，我跟随她就行。"于是，她对卡奎特说："你选了两本书，卡奎特。"

卡奎特高兴地笑了，用双手食指指着书说："小兔子！"

看到卡奎特笑了，露西老师也跟着笑了。露西老师想："真是一个惊喜呀！她找到了两本封面都是兔子的书。我想知道，她在其他书之间是否也能找到相似之处呢？"于是，露西老师大声说："卡奎特，你找的两本书的封面上都是小兔子！咱们做个游戏吧！"

卡奎特"咯咯"地笑了。露西老师又找了两本封面是小狗的书，递给卡奎特，卡奎特把它们放到小兔子书的旁边，然后用双手食指指着说："小狗！"

思考一下，露西老师是怎样利用对话（言语和非言语）与卡奎特建立联系，然后拓展她的学习的？露西老师说了什么、做了什么来实现以下几点的？

> 推动对话
> 使对话来回多次
> 跟随卡奎特的步伐
> 拓展卡奎特的学习

现在，想一想你与班上个别幼儿进行的言语和非言语对话。思考以下问题（幼儿不同，你的答案也可能随之变化）：

> 你是如何与他开启对话的？
> 你们之间的对话通常来回多少次？
> 你通过哪些方式促使对话持续进行？

---

① 该书的简体中文版由北京联合出版公司于2014年出版。——译者注

> 谁控制着对话的走向？是你还是幼儿？抑或你们两个？

审视现实

尽量避免用一个又一个问题"轰炸"幼儿，否则会使幼儿不知所措、闭口不言，对话也就终止了。

在对话中拓展幼儿学习的技巧

在与幼儿对话时，如果你能够做到"到场"并与幼儿建立联系，那么你们的对话就会变成有力的互动。

（1）**做个好的倾听者**。对幼儿的言语和非言语表达表示尊重和欣赏。

（2）**使用有趣的语言和词汇**。避免使用"婴儿语"（baby talk），不要急于简化语言，用正常的对话方式与幼儿交谈。

（3）**重复和澄清幼儿说的话**。避免公开纠正幼儿的发音和语法。相反，只需对幼儿说的话重新表述或换个说法。

当金伯莉说"电视"（telebishon）时，她的老师回应说："噢，昨天晚上你看电视（television）了，是吗？"金伯莉笑着说："是的。"

（4）**使用开放式问题促使对话持续进行**。比如，"请告诉我更多的……，好吗？""真的？接下来发生了什么？""你还看到了什么？"

（5）**谈论幼儿真正感兴趣的话题**。比如，"你去超市了？你在那里看到了什么？""你怎样帮助你爸爸摆放餐具的？"

（6）**鼓励幼儿之间进行对话**。让幼儿知道你很重视他们之间的对话。比如，"在今天的点心时间，你们两个讨论了很长时间的足球！"

（7）**邀请其他幼儿加入你与某个幼儿之间的对话**。比如，"特雷弗，贾巴里正在和我谈论我们最喜欢的冰激凌。我想知道，你喜欢的冰激凌和我们喜欢的冰激凌是不是一样的？"

（8）**在小组讨论中引入"对话伙伴"**（talking partner）。比如，"与你的对话伙伴讨论一下，要保证你们都听到了对方的想法。"

（9）**有目的地选择播放音乐的时间**。比如，"听杜比给我们带来的音乐，真的很享受啊！不过，现在我要关掉音乐，这样你们在游戏时就能听清小伙伴说的话了。"

效果怎么样

随着你在有力的互动中与幼儿对话的技巧越来越娴熟，你要寻找线索，以证明你给幼儿带来了积极的影响，同时拓展了他们的学习。当你看到以下任一变化时，你就知道你正在发挥积极的作用。

幼儿可能：

> 发起和主导更多的对话，比如"嗨，黛比老师，我昨晚看到了月亮！你看到了吗？"；
> 更积极地参与对话；
> 进行更长时间的对话；
> 谈论更广泛的主题；
> 与同伴之间进行对话，比如"我在点心时间吃苹果，你吃什么？"。

幼儿家长可能：
> 把他们与孩子的对话分享给你听。

你可能：
> 认识到，与幼儿对话的时候是你一天中最精彩的时候，是你的"高光时刻"。

第三步 拓展幼儿的学习

 切记

有来有往的交流（对话）是有力的师幼互动的一个普遍而重要的组成部分。要对言语和非言语的对话方式保持开放的态度，促使对话持续进行。能够温和地引导幼儿去思考和谈论新的话题、新的观点的对话，都是拓展幼儿学习的有力方式。

策略 5 鼓励想象性游戏

参与幼儿的游戏时,要对他们的语言和行为进行反馈,向他们介绍新的点子,同时将他们引向适宜的方向

作为幼儿教师,你每天都有观察幼儿的想象性游戏的"特权"。你的脑海里会浮现以下这些画面吗?

2.5 岁的沃伦一会儿把塑料小动物玩具移到"谷仓",一会儿又移出来,并且每次都模仿不同动物发出的声音。

* * *

4 岁的泽维尔和马利卡戴着安全帽,在沙桌上修路、挖隧道。

* * *

6 岁的莉齐头戴一顶软帽,胳膊上挎着一只篮子,表演《草原上的小木屋》①里的一个场景。

当幼儿玩这种游戏时，你注意到了什么？兴趣盎然且全身心沉浸其中？与他人的合作？丰富的语言？

利用想象性游戏拓展幼儿的学习

2岁左右时，幼儿就能够回忆经历，记住细节，在脑海中创建形象。他们在玩游戏时会提取记忆，重构经验，在其他时间和地点假扮成他人（Luckenbill，Subramaniam，& Thompson，2019）。想象性游戏是幼儿自然产生的，给他们带来无穷的乐趣。想象性游戏对幼儿思维的发展和学习至关重要。幼儿可以凭借想象力思考不在他们面前的人、地方和事物。它又被称作抽象思维或象征性思维。

比如，在全班一起拜访了兽医诊所后，幼儿会把自己看到的、听到的和闻到的储存在大脑中。回到教室后，当幼儿在戏剧游戏区扮演兽医角色时，他就会翻出这些记忆。幼儿会假装使用真正的兽医所使用的工具、语言和诊疗程序。因此，想象性游戏是大脑的一种练习形式。

此外，幼儿在进行想象性游戏时，也正在脑海中练习着描绘或者想象事物。这种象征性思维能力为幼儿以后学习阅读、书写和数学打下了基础。

---

① 该书的简体中文版由北京日报出版社于2019年出版。——译者注

- 在玩假装游戏时，幼儿会创编故事。随着他们的游戏变得越来越复杂，他们会创编出故事的背景、人物、对话、开头和结尾。这对阅读或书写具有相同结构的故事来说，是一项重要的练习。
- 为了理解正在阅读的内容，幼儿必须能够明白每个词语在脑海中所代表的图像。
- 为了解决数学问题，比如，3个橘子和7个苹果相加是多少，幼儿不得不在脑海里对它们进行描绘。

研究显示，"有意的假想游戏"与幼儿的认知、社交技能的发展存在着联系（认知和社交技能是学习更为复杂的概念的前提条件）。比如，这种游戏与记忆能力、自我调节能力、口头语言能力和符号识别能力的增长相关联，也与高水平的学校适应能力和社交技能的提高相关联，还与读写技能的增强和其他领域的学业学习相关联（Bodrova & Leong，2007，2018）。

在想象性游戏中与幼儿进行有力的互动

幼儿的想象性游戏是进行有力的互动的一个绝佳场景。当你观察幼儿的想象性游戏时，你能了解到他们对周围世界的已有认知。当你开始通过幼儿的眼睛看世界并加入他们的游戏时，你们之间就建立了个人联系。想象性游戏提供了一个放松的环境，让师幼关系可以蓬勃且和谐地发展。在这种关系的保障下，你有丰富的机会去一步步拓展幼儿的学习。

下面来看看卡恩老师是如何加入5岁的塔罗的想象性游戏的。

户外时间就要结束了，该到室内吃点心了。此时，大部分幼儿已经在配班教师的陪同下回到了室内，户外只剩下最后几个幼儿。卡恩老师毫不意外地看到剩下的幼儿中有塔罗。塔罗在过渡环节总是慢腾腾的，让卡恩老师很不耐烦。今天还有几分钟时间，卡恩老师认为可以与塔罗进行一次有力的互动而不是一次"权力的较量"。她发现，塔罗正站在攀爬架的顶上，他戴着从室内戏剧游戏区翻找出来的大檐帽，一只手举着一根从地上找到的小棍，另一只手遮在前额上，好像在搜寻远方的什么东西。

塔罗：喂，老兄！你是朋友还是敌人？这里是伟大的"陆地仔"海盗船，我们都有武器！

卡恩老师：喂，老兄，海盗塔罗！我是你的朋友，请不要开火！

塔罗：我怎么才能确定你是朋友？

卡恩老师：海盗劳拉来了，她会为我作证。海盗劳拉，请告诉海盗塔罗，我不是敌人，我是来送邀请函的。

劳拉：海盗塔罗，她不是敌人！

塔罗：好吧，你必须证明你是朋友。你的邀请函在哪里？

卡恩老师（假装从口袋拿出一封信）：这是这片土地的主人给你的邀请函，邀请你去坐坐，喝杯牛奶，尝尝我们特制的海盗饼干！

塔罗：海盗饼干是用什么东西做的？

卡恩老师：噢，海盗饼干是用从一艘沉船残骸上弄下来的珠宝做的！你想象不到它有多么美味！

塔罗：好吧，卡恩女士，我再巡视一遍，然后就来。

你认为这个互动怎么样？卡恩老师是否实现了与塔罗进行有力的互动这一目标？

> 她是怎样做到"到场"的？她停下来，进行了自我检查。她承认，在过渡环节，她经常和塔罗陷入"权力的较量"中，但这次她决定采取有力的互动路线。

> 她与幼儿建立联系了吗？她通过加入塔罗的想象性游戏与塔罗建立了牢固的个人联系，而非置身其外。她与塔罗一起扮演海盗，从而培育和滋养了他们之间的关系。

> 她是怎样拓展幼儿的学习的？在与塔罗重新建立了积极的联系后，卡恩老师拓展了他的游戏，使他接触到一些丰富而复杂的词汇，如"作证""邀请函""土地的主人""沉船残骸"等。

卡恩老师与塔罗的有力互动，表明幼儿教师在幼儿的想象性游戏中扮演着重要角色。许多幼儿教师对他们所扮演的角色充满疑惑。有些幼儿教师担心加入游戏会对幼儿造成干扰，于是站在远处观看而不参与。有些幼儿教师认为自己必须担负起教师"传道、授业、解惑"的责任，于是加入幼儿的游戏，开始问许多问题，比如："你们装扮成这样要去哪里呢？""你正在使用什么颜色的颜料？""你的牲畜棚里有多少种动物？"这些考核式的问题经常会干扰幼儿的想象性游戏。

卡恩老师加入了塔罗的游戏，但并没有接管游戏。她把握着游戏的方向，同时依然让塔罗拥有控制感。她扮演海盗的角色，并把另一个幼儿拉进来作为第三个海盗，从而为塔罗的高水平想象性游戏增添了复杂性和深度。这次互动之后，卡恩老师决定稍后继续追随塔罗，探索他对海盗的思考和认识。她希望能更充分地了解到底是海盗的哪些方面吸引了塔罗，同时也为将来做好准备，一旦塔罗的海盗游戏开始关注暴力了，她就可以将游戏引向另一个方向，或者起码给他提供另一个角度去思考和探寻。

> 今年，我带了一群幼儿，他们是极其出色的"演员"！从晨间入园到下午离园，他们全天都在进行假装活动。他们让我也成了一名"演员"。现在我认识到，通过加入他们的戏剧游戏而不只是旁观，我能够发挥巨大的"教学"作用。教学从来没有这么有趣过！
>
> ——幼儿教师　塔尼娅

激发幼儿想象的技巧

我们鼓励你尝试卡恩老师的做法，下面是一些建议。

（1）**成为一名游戏者**。拉把椅子、坐在地板上、戴顶帽子、听听故事、玩玩游戏，这样你就会与幼儿建立联系，并向他们传达一些重要的信息，比如："你们的游戏好有趣啊！""我喜欢你。""我想加入你的游戏。"

（2）**成为一面镜子**。让幼儿知道你看到了他们、听到了他们。对他们的行为和语言进行反馈，比如：

- "你穿着这双大鞋,拿着这个皮夹,看起来真像个大人!"
- "那个'小婴儿'在摇篮里看起来很舒服的样子,因为你给了他枕头、奶瓶和毯子!"
- "我看到积木区有两位木匠在工作。你们有很多工具,我想你们肯定有一项大工程要做。"
- "我看到这位著名的艺术家已经穿上了工作服,她貌似已经准备好再画一幅杰作了!"

(3)**成为一条橡皮筋**。将幼儿的游戏向前推进一步,比如:
- 引入另一个道具,"你知道,教室里有一件芭蕾舞短裙。你愿意在跳舞时穿它吗?"
- 使用有趣的语言,"你正在用画笔描绘你的故事。"
- 增加一个新点子,"小狗过来,我有好吃的给你,但是你要先表演一个节目!你能坐下吗?打滚呢?装死呢?"

(4)**成为方向盘**。当幼儿的想象性游戏朝着不合适的方向发展时,你要将游戏引向更适宜的方向,比如:
- "噢,天哪,泰迪熊不懂礼仪,是吗?我们必须教它如何用礼貌的方式说话,你来教它还是我来教它呢?"
- "狮子大王,你的咆哮声太大了。你有什么烦心的事吗?在我耳边悄悄地告诉我,我看看动物园的管理员是不是有好吃的留给你!"
- "你使用枪把登山者从巨兽手里救了出来。我很好奇,你能不能用积木砌一堵墙来保护她呢?你为什么不去拿积木呢?我会留在这里保证登山者的安全。"

审视现实

你可能会发现，加入幼儿的想象性游戏会让你感到有些尴尬或者笨手笨脚，不过不要放弃，回忆一下孩童时代你是如何发挥想象力的。如果一开始的师幼互动不像有力的互动，不要着急，要继续尝试！

效果怎么样

加入幼儿的想象性游戏，有助于你与幼儿建立联系，进而加深你们之间的关系，拓展幼儿的学习。这些有力的互动是非常有趣的！当你和幼儿一起游戏的时候要寻找线索，证明你正在有效地使用这个策略。

幼儿可能：

> 开展情节更丰富的想象性游戏，会有更多的幼儿参与其中，同时不需要太多的外部支持就能保持游戏的兴趣；

> 模仿你的姿势、面部表情、声音和动作；

> 通过想象性游戏创编更复杂的故事：
> - 情节更迂回曲折
> - 角色更加多样
> - 涉及的道具种类更多

你可能：

> 越来越安于当配角，而不是当导演；

> 在加入游戏时，发现示范有趣的语言更容易了。

幼儿家长可能：

> 把幼儿在家玩想象性游戏的样子更多地分享给你，并问你更多的问题。

切记

在有力的师幼互动中,鼓励幼儿以新的方式发挥自己的想象力,有助于他们增强假装技能,反过来又拓展了他们的抽象思维或者象征性思维。

策略6 一起解决问题

示范如何解决问题,并帮助幼儿学会如何通盘考虑问题的解决步骤,从而让他们具备解决问题所需的态度和技能,信心百倍地解决问题

想一想你近期解决的一个"问题",这个问题也许是保证你的两个女儿能够在同一天、同一个时间穿过小镇去做不同的事,也许是如何组装在"宜家家居"买的书架。你找到解决方法了吗?哪些特质或技能帮助你成功地解决了问题?哪些方面造成了干扰?

对幼儿来说,一切事物都是新鲜的,每一天都代表着新的体验、挑战和困惑,需要不断地探索、理解和解决。

> "我怎样才能把碗里的苹果酱吃到嘴里呢?"

> "我把积木倒在地板上了,现在该怎么办呢?"
> "我想戴消防帽,因为我是消防队长!你昨天已经戴过了……这不公平!"

当你看到幼儿解决问题时,你就有了与幼儿进行有力的互动的一个"黄金机会"。

通过解决问题来拓展幼儿的学习

在与幼儿互动时,你能够帮助他们培养解决问题的积极态度,教会他们如何通盘思考解决问题的步骤,找到解决方案(Heroman,2017)。幼儿一生都将使用这些技能来解决问题。

许多幼儿天生就是有热情、有毅力、有耐心的问题解决者。但是,有的幼儿在解决问题时并无计划,需要他人的指导才能变得更加系统化。还有一些幼儿在解决问题时具有恐惧和抵制心理,或抱着"我解决不了"的态度(Mercer Young & Reed,2017)。当在有力的互动中得到了你的支持和鼓励后,幼儿就能够抛弃解决问题时的消极态度和心理,从而获得积极的信息。

在与幼儿互动时,你要成为问题解决者、示范者和引导者。下面来看看幼儿需要学习哪些态度和技能。

(1)**有好奇心和毅力**。好奇心激励着我们发现问题,并渴望解决问题。毅力使我们能够坚持不懈,直到将问题解决。你可以通过下面的一些方法,向婴幼儿示范和传授好奇心和毅力。

> 当一个婴儿一次又一次地尝试把摇铃放到嘴里的时候,要面带微笑耐心地观察。你也可以采用镜像对话,比如,"我看到你正努力试着把摇铃放到嘴里。"
> 向一个学步儿展示玩球的多种方式,如滚、拍、扔等。
> 当一个4岁幼儿试图让玩具娃娃停止哭泣时,要鼓励他尝试用不同的方法,如轻拍背部、用奶瓶喂奶、轻轻摇晃、叫医生等。
> 当一个5岁幼儿使用废旧材料"发明"了一台计算机时,要使用"好

奇"和"有毅力"之类的词语。

（2）**识别和确定问题**。优秀的问题解决者知道他们什么时候有问题，并能够描述问题。你可以向幼儿示范和传授如何识别和确定问题。

> 当婴儿把帽子扯下来时，对他说："这顶帽子对你来说是一个问题。你不想戴在头上，戴上感觉不好，是吧？"

> 当学步儿午睡起床时，告诉他："穿鞋子对你来说是一个问题！你很难穿到脚上，是吧？"

> 点心时间，跟遇到麻烦的 4 岁幼儿交谈："这些果汁盒太讨厌了，很难把它们打开。"

> 与争论游戏分数的 5 岁幼儿交谈："同时记录 4 个人的分数，是一个很难的问题。我们想一想怎样才能做到。"

（3）**拥有多种解决策略**。优秀的问题解决者通常拥有多种解决办法，并能够灵活地根据问题情境选择最佳的解决办法。你可以向幼儿示范和传授基本的问题解决策略。

> 头脑风暴，比如，对幼儿说："让我们一起进行头脑风暴，想想解决这个问题的各种方法。"

> 试错，比如，对幼儿说："我刚才看你试了 4 种不同的方法来解决这个问题！这就叫'试错'。"

> 利用先前的知识和经验，比如，对幼儿说："我记得上周你也遇到了同样的问题，那次你用了什么方法？也许，那个方法对解决这个问题也有用。"

> 尝试别的方法，比如，对幼儿说："或许，你使用别的工具可以解决这个问题。"

> 寻求帮助，比如，对幼儿说："谁能帮我们解决这个问题呢？也许那本书里有我们需要的信息。"

（4）**分析和评估**。找到可能的解决方法后，接下来就需要对它们进行分析和评估，以决定先尝试哪种。你可以通过大声说出自己的思考，向所有年龄段的幼儿示范、传授分析和评估技巧。

> "外面很冷，我们可以用毯子把自己包起来，但那样我们就玩不成了。我想，穿上夹克会更好些。"

> "我们的苹果不够给每个人分一个，我原本想准备两种不同的水果，但后来决定把苹果切成小块，这样每个人都能吃到同样的水果。"

> "我挑了3个不同的故事想今天读，但我不知道到底要读哪个。我记得有一天你对操场上的蚂蚁很感兴趣，所以就选了《两只坏蚂蚁》①这个故事。"

（5）**反思**。在找到问题的解决方法后，优秀的问题解决者会进一步思考。他们会回顾所发生的事情，反思他们的解决策略或方法是如何起作用的。你可以通过提问以下问题，向幼儿示范和传授反思问题的方法。

> "在解决这个问题时，容易的地方是什么？困难之处是什么？"
> "这个方法是如何解决这个问题的？"
> "你认为，这个方法为什么会起作用或不起作用？"
> "下次遇到类似的问题时，你会尝试哪一种方法呢？"

审视现实

当许多成年人看到幼儿费力地解决问题时，他们会觉得不忍心，经常直接介入替幼儿解决问题。但是，如果你能够积极地提供有趣的问题让幼儿来解决，并且加入这一解决过程，那么你就会与幼儿建立有意义的联系，帮助他们进一步思考。

---

① 该书的简体中文版由河北教育出版社于2011年出版。——译者注

在有力的互动中示范和传授解决问题的技能

与幼儿一起解决问题时，使用有力的互动的三个步骤，将有助于幼儿成为更有信心、更有能力的问题解决者。

（1）**暂停一下，做到"到场"**。首先进行自我检查，以确定此时是否是支持幼儿解决问题的大好时机，以及你当下的心境是否平和。如果你决定向前推进，那么就要关注幼儿个体，认可他正在试图解决的问题，并采用适合这个幼儿和问题情境的方式来鹰架他。

（2）**建立联系，加深关系**。如果你的言行能让幼儿想起曾经跟你在一起时的那种信任感和自在感，那么他就会更有信心、更加放松，从而能够全身心地解决遇到的问题。

（3）**拓展幼儿的学习**。解决问题是一项需要终生学习的技能。在帮助幼儿培养解决问题的态度和技能时，你发挥着重要作用。

与幼儿一起解决问题的技巧

当幼儿解决问题时，你可以利用下面这些技巧把日常互动变为有力的互动。

（1）**使用"问题"这个词**。当你注意到幼儿正在应对挑战性问题时，可以使用镜像对话，即说出你看到或听到了什么。比如，"特兰，你正在努力伸手够那个玩具。你下定决心要解决这个问题！""阿蒙，你在思考怎样画猫。这个问题很有趣，我们一起来想办法解决，怎么样？"

（2）**利用日常问题**。邀请幼儿头脑风暴，与你一起解决日常问题。比如：点心时间的餐巾纸不够用了，某种颜色的颜料用光了，水龙头坏了，对游戏规则产生分歧了，书中有一页被撕掉了，一种材料或者玩具丢失了，环境乱糟糟的需要整理，某一个小朋友不合作，等等。

（3）**提供有趣的问题**。给幼儿提供一些有趣的挑战来解决。比如：一个非常抓人眼球的物品恰恰在伸手可及的范围之外，配有不同弹簧锁的容器，让各种物体从斜坡上滚下去，用尽可能多的方法对一堆贝壳进行分类，用积木搭建以前从未尝试过的东西，使用画刷以外的物品在画架上画画。

（4）**使用有关解决问题的词汇。**当你使用了诸如挑战、策略、方法、头脑风暴、试验、试错之类的词语时，幼儿也会开始使用这些词语。

审视现实

你不必把日常问题都变为有力的互动。有时，为了安全和保护幼儿的情感，某些问题需要你或在你的帮助下快速解决。不过，你可以邀请幼儿参与之后的支持性讨论。

效果怎么样

注意观察，涉及问题解决的有力的互动是如何起作用的。幼儿开始内化和运用你教给他们的有关问题解决的知识了吗？你自己的课堂教学行为发生改变了吗？你感到班级氛围有所变化了吗？你可能会注意到以下现象。

幼儿可能：

> 向你和朋友寻求帮助，以解决问题；
> 因为找到了问题解决方法或者解决了问题而感到高兴和自豪，比如"嗨，我解决了这个问题！""我弄明白它是怎样工作的了！"；
> 在小组讨论时，开始提出问题的解决方案。

你可能：

> 帮助幼儿解决问题，而不是替他们解决问题；
> 肯定幼儿为解决问题而付出的努力，比如："你没有放弃，你想出了一个很好的解决方法！"

幼儿家长可能：

> 告诉你幼儿在家是如何解决问题的，比如："昨晚我说面条很烫，小

家伙告诉我要吹一吹!"

 切记

暂停一会儿做到"到场",并与幼儿建立联系,这样会加深你们之间的师幼关系,便于你应对幼儿正在费力解决的问题。然后,你可以决定说些什么、做些什么,把解决问题变为有力的互动!

策略 7　使用丰富的词汇

当你和幼儿一起阅读和交谈时，使用丰富多样且有趣的词汇

不使用语言，你会怎么样呢？你没办法说"你好"或"很高兴见到你"，无法得到你需要的东西，也无法感谢对方友善的行为。你的感情只能深埋心底。不使用语言，你就无法问路，只能一直迷失方向。一天结束时，不使用语言你也无法说"晚安"。不论是口语、书面语还是手语，你听到或看到时能够理解的语言（接受性语言）和交流时所用的语言（表达性语言）都保障你每天能够正常生活。

使用丰富的词汇拓展幼儿的学习

幼儿身边的照料者会不停地和他们说话，为他们读书，渐渐地，幼儿也开始交流、阅读，这时他们的词汇量会飞速增长。词汇量增长速度最快的时期就是学龄前时期（Masterson，2018；Neuman & Wright，2014）。因此，使用有趣的语言与幼儿交谈，并保证幼儿理解新词和不熟悉的词汇的含义，是很重要的。

幼儿掌握大量词汇的重要意义如下。

> 对于幼儿的学习和他们以后的学业成功起着重要的作用。教师在自由游戏时间和小组时间跟幼儿的谈话，以及对高水平、复杂词汇的使用，能够影响幼儿的语言、阅读和理解技能（Dickinson & Porche，2011）。

> 有助于构建和支持幼儿解码词语的能力和阅读理解能力。鉴于语言发展对幼儿以后的学业成功非常重要，因此教师有必要提高幼儿语言经验的质量（Grifenhagen et al.，2017）。

> 各个学科领域的词汇不仅支持幼儿在读写方面的学习，还支持他们在数学、科学和社会性研究方面的学习。当成人引入新的主题或幼儿感兴趣的话题，添加信息和概念时，就拓展了幼儿的词汇范围，加深了幼儿对这些词汇意义的理解（Harms，Clifford，& Cryer，2014）。

在有力的互动中增加有趣的新词，能够为幼儿带来乐趣。同时，积累词汇也拓展了幼儿的学习（NAEYC，2018）。看看下面这三位教师是如何扩展幼儿的语言的。

16个月大的伊恩正在玩玉米淀粉糊糊，这时卡坦亚老师加入进来。

卡坦亚老师说道："噢，伊恩，你舀了一勺糊糊放在手上！看，它们正从你的手指缝渐渐沥沥地滴下来。你把手举高，就会听到它们'啪嗒、啪嗒'地落到盘子里的声音！"

* * *

兰斯老师正在和 3 岁的乔斯琳一起用积木搭建一座塔。

乔斯琳:"看,兰斯老师,塔开始倾斜了!"

兰斯老师:"哦,肯定是因为它歪了、不平衡了,你能把它扶直吗?"

乔斯琳:"塔可能会倒。"

兰斯老师:"不要着急。如果倒了,我们重新搭就可以!"

* * *

5 岁的彼得拉正在操场上独自溜达,希拉里老师决定加入。

希拉里老师:"嗨,彼得拉,我能陪你在操场上一起走一走吗?"

彼得拉:"我在找虫子,但是一只也没发现。"

希拉里老师:"那让我们一起成为昆虫学家,找些昆虫来研究吧!你都找过哪些地方了?"

彼得拉:"我已经在滑梯和秋千旁边找过了。"

希拉里老师:"噢,我们来想一想。如果你是一只昆虫,你喜欢住在哪里呢?或许在树林间和高高的草丛里?"

彼得拉:"对呀,我们去苹果树边上找找。那里是适合昆虫栖息的好地方!"

希拉里老师:"我同意,那里的确是昆虫喜欢栖息的地方。我们去找找看!"

在以上这些有力的互动中,三位教师既与幼儿建立了联系,同时又拓展了幼儿的学习,因此,伊恩、乔斯琳和彼得拉更有可能使用这些新词汇。

在互动中增加词汇的技巧

在有力的互动中,你可以使用下面这些技巧来增加幼儿的词汇量。

(1)**张贴词汇表**。在学习场所的不同地方挂上引人注意的词汇表。

(2)**大声朗读**。朗读词汇丰富且对幼儿有点挑战性的图画书,是增加幼儿词汇量的好方法，如《市场街最后一站》①《洛克的写作课》②《驴小弟变石头》③等。

（3）**增加你的词汇量**。比如：玩字谜游戏、填字游戏；在教工会上与同事一起就词汇进行头脑风暴；学习幼儿母语中的一些词语；为了乐趣和职业发展而进行阅读，等等。

（4）**给出提示**。使用视觉线索、手势和面部表情，帮助幼儿理解不熟悉的词汇。

（5）**对话！对话！对话！**对话文化，对增加幼儿的词汇量大有帮助。对幼儿使用"对话"这个词，并鼓励幼儿互相对话，比如，告诉他们："点心时间，你可以和旁边的小朋友进行对话。"在墙上张贴合适的讨论话题，作为提示。

（6）**创造一个词语的世界**。比如：与幼儿一起唱歌、背诗，一起谈论对话和书籍中出现的新词。把"今日词语"列为一日活动常规的一部分。在图书区张贴一个标牌，比如"在书中发现的有趣词语"，这样你和幼儿就可以定期把发现的词语写在下面。在班级幼儿任务表中添加一项——"词汇构建家"。当幼儿询问某个词语时，进一步激发他们的好奇心。比如，对幼儿说："你对这个词很好奇，是吗？我再读一遍这部分，你能猜到它的意思吗？"

你知道吗

儿童早期的语言发展，包括词汇量的增长、句法（支配词序的句子结构）、语用（语言在社会情境中的恰当使用），对于读写和各个学科领域的学习至关重要，对于学业上的持续成功也十分必要（Amorsen & Miller, 2017; Harris, Golinkoff, & Hirsh-Pasek, 2011）。

---

① 该书的简体中文版由中信出版社于2016年出版。——译者注
② 该书的简体中文版由新疆青少年出版社于2018年出版。——译者注
③ 该书的简体中文版由明天出版社于2017年出版。——译者注

支持双语学习者
——凯瑟琳·莫利纳（Kathleen Molina）

在有力的互动中，双语学习者需要额外的帮助来学习词汇。为了让幼儿掌握丰富的词汇，你可以通过表演、手势、展示真实的物品或图片等来表达词汇的意义，或者用两种语言说出词汇。如果教师了解语言习得的各个阶段，那么他们针对双语幼儿的教学就会取得巨大成功。如果缺少这方面的知识，也没有与双语幼儿打交道的经验，那么教师就很容易误解幼儿的行为或言语。

请思考下面三则关于双语学习者的故事。

我的同事金是双语学习者埃米莉的老师，金很关心埃米莉。埃米莉的妈妈主要说西班牙语，而她的爸爸只会说英语。这是埃米莉入园的第一年，在3岁零3个月大的时候，经筛查，她可能有特殊需求。金不确定，埃米莉的语言是否是其中一个影响因素。我观察了埃米莉几天，包括在集体活动、小组活动以及自由游戏时间。

这天，埃米莉与一名助教以及另外两名母语是英语的女孩组成一个小组，坐在桌旁。女孩们每人面前都有一堆橡皮筋和一块几何板，桌子中间有一叠形状卡片。助教让埃米莉拼一个三角形。埃米莉环顾四周，站起来，用手挥舞着几何板。助教试图引导她回到桌旁，但埃米莉说："我想玩积木。"老师们把这归因于埃米莉不遵守规则。我认为，埃米莉可能只是没有完全明白这个任务。如果给她提供简单的指导、视觉上的支持以及用西班牙语说出一些关键词汇，就能帮助她理解这项活动。

第二天，我观察到埃米莉和金以及另外两个女孩组成了一个小组。她们正在使用字母印章和印泥，在纸上印制字母。埃米莉一次拿起六七个印章，花了很多时间把它们放回印章盒，然后再拿出来。她随意地在纸上盖着字母印章。金偶尔指着字母E，然后让她再找出自己名字里的其他字母。最终，金把埃米莉的名牌拿到桌子上，放在埃米莉面前，指着那些字母。埃米莉继续玩着印章，最后走到水槽边。老师问她要去哪里，埃米莉举起沾了印泥的手说："手。"老师告诉她，最好等另外两位小朋友也完成后再一起去洗手间。最后，她们都去洗了手。之后不久，埃米莉跑到积木区，开始从架子上取下积木进行搭建。

后来，我问金，这个活动的目的是什么，以及她怎么看待埃米莉的行为。金承认，那两个更爱说话的孩子获得了她的更多关注，而埃米莉很安静，所以金对她的关注很少。我建议她重新开展一次活动，只设定一个目标（字母识别），使用更少的材料（只使用孩子名字中的字母，甚至可能只有首字母）。我们谈到，金最好坐在埃米莉旁边，这样她们就有机会进行一对一的互动。我还鼓励金使用西班牙语中的线条（lineas）一词来描述字母 E 的特征，并探索西班牙语中以 E 开头的一些关键词，如大象（elefante）。

✲ ✲ ✲

在另一个班——卡丽老师的班上，来了一名新学生阿里安娜，她的母语是西班牙语。卡丽老师对西班牙语一窍不通，而阿里安娜只知道一些简单的英语单词，如 hi（你好），thank you（谢谢你），no（不）等。在阿里安娜来了一周后，卡丽老师思索着如何与她进行交流。我们一起列了一张常用单词和短语表，我建议卡丽老师找双语助教来翻译一下这张表。卡丽老师通过学习和使用西班牙语中的"来这里""我们坐下来（玩，吃）"等，帮助阿里安娜理解了班级常规，同时也使她习得了新的词汇。

✲ ✲ ✲

阿哈娜是一名 3 岁的女孩，她进入詹恩老师班上时只会说印地语。詹恩老师利用重复的、可预测的一日活动常规来强化阿哈娜的语言和行为。记得 9 月份刚来时，阿哈娜不理解老师的指令，也不理解一日常规的要求，詹恩老师经常感到很沮丧。而且，那时候，阿哈娜经常在教室里走动着玩玩具，但很少加入小组活动。然而，到了来年 1 月份，詹恩老师报告说，虽然与阿哈娜的父母沟通仍然很困难，但阿哈娜正在适应学校的一日活动常规，甚至学会了一些常用的英语单词和短语。她还交了朋友，学会了加入他人游戏、向成人表达自己的需求以及参加集体或者小组活动等。

当双语学习者喜欢安静或对某项活动不感兴趣时，与他们互动就会很有挑战性。教师会尽己所能力求互动，但是如果不起作用，教师就会感到沮丧或者放弃。当教师获得了相关信息或者策略时，他们才能更好地与班上的双语学习者进行有意义的互动。

效果怎么样

时刻注意寻找线索，证明在有力的互动中使用丰富的词汇是有益的。当你发现以下迹象时，你就知道你正在给幼儿带来积极的影响并且拓展了他们的学习。

幼儿可能：
> 使用你所示范的一些词汇；
> 在你读故事时，询问"这个词是什么意思？"；
> 建议在"词语墙"上放一些新的词语。

你可能：
> 更清楚地意识到故事阅读中涉及的一些词语，并且更频繁地让幼儿注意到这些词语；
> 更喜欢使用一些有趣的词语，发现自己不再经常使用空洞的词语，比如"东西""事情"等。

幼儿家长可能：
> 把他们在家听到的孩子说的新词告诉你。

切记

当你使用丰富的词汇与幼儿互动时，你不仅在教幼儿学习一些新词，拓展他们的思维，还在向他们展示语言学习的乐趣，而这种乐趣能够激励他们在今后的生活中持续学习。

策略 8　与幼儿一起欢笑

寻找有趣的方式与幼儿互动，比如：唱搞笑的歌曲，读有趣的图书，哼诙谐的童谣，运用幽默来引导幼儿的挑战性行为

想象一下，你现在正在课堂上倾听幼儿的各种声音。你听到了他们的大笑声、"咯咯"的笑声，感受到了他们的欢愉和快乐。思考一下，是什么让他们放声大笑？在谈到欢笑、好玩和搞笑时，幼儿绝对是这方面的行家里手！幼儿动辄就能找到笑点。

幽默和有力的互动

欢笑、搞笑和好玩，可以让师幼互动成为有力的互动。当你花点时间做到"到场"并与幼儿建立联系后，你很可能就会发现有机会利用幽默或玩笑，在有力的互动中拓展幼儿的学习。

幽默在很多方面都能拓展幼儿的学习。首先，幽默是一种训练大脑的游戏，它能让大脑以新的方式工作（Neeley et al., 2012）。幽默经常涉及语言游戏，比如：绕口令、诙谐的童谣、一语双关等。通过幽默，幼儿能够发展语音意识，扩大词汇量。当幼儿学着利用幽默来与他人互动时，他们也正在学习一项受益终生的社交技能。

幽默来源于幼儿对与他人建立联系的渴望和需求。它是幼儿分享成就的一种方式，也是当事情结果出乎他们的意料时，他们分享惊讶的一种方式（Smidl, 2014）。观看下表，了解童年期的幽默感是如何发展的。

婴儿在亲近的人做出以下不同寻常的行为时会大笑，比如： › 笨拙地舞动身体 › 伸舌头 › 制造可笑的噪声 › 嘴里发出搞笑的声音 › 做鬼脸	学步儿看到以下胡乱搭配的情形时会大笑，比如： › 把鞋放到头上 › 把香蕉当作电话 › 把孩子的外套穿在大人身上 › 成年人嘴里说着"鼻子"，手却指向眼睛 › 把人们的名字叫错	幼儿园的孩子面对胡言乱语、故意犯的错误和夸张的事物时会大笑，比如： › "我能买一个四明治吗？" › "我想要一些泥汁喝！" › "你的脑袋是方的！" › 巨鼠的图片 › 假装大哭	学前班的孩子和小学生面对口头幽默时会大笑，比如： › 词语游戏 › 猜谜语

改编自：Kutner（2018）和 McGhee（1979）。

在互动中使用幽默的技巧

在和幼儿一起大笑之后，一天的压力释放了，低落的情绪又兴奋起来，整个人再一次充满了能量。所以，幽默和欢笑经常是有力的师幼互动的组成部分。

首先，寻找让幼儿感到欢乐的时刻。跟随着幼儿，当幼儿大笑时，发现是什么戳中了他的笑点，与他进行幽默的互动，和他一起笑。

以下建议供你参考。

（1）**不确定或者拿不准时，唱歌！**唱搞笑的歌曲一定排在让幼儿发笑的榜单之首，同时它也是玩语言和文字游戏的一个好方法。你可以把幼儿的名字和班级活动编到歌曲中，幼儿一定会觉得很有趣。脑科学研究发现，听音乐和唱歌，对于语言和沟通技能的健康发展是非常必要的（Michener & Fishoff, 2012）。

沙妮老师环顾了教室一圈，发现大部分学步儿都在快乐地忙碌着，只有科伦一个人站在那儿，看起来孤零零的。她看着科伦的眼睛，与他建立了联系。然后，沙妮老师想起了昨天散步时，他们一起唱"砰，砰，疯狂的感觉太好了"时，科伦满脸欢乐的样子，于是沙妮老师边靠近科伦，边唱这首歌。科伦的脸上浮现出笑容。沙妮老师坐在他旁边的地板上，两人轮流唱这首歌，唱了好几分钟，然后一起哈哈大笑！

审视现实

时不时地做一个自我检查，关注自己正在把什么样的情绪传递给幼儿。今天，我微笑了吗？我大笑了吗？幼儿看到我好玩的一面了吗？

（2）**赋予玩具生命。**培养幼儿的口语表达能力和会话技能，是教师极其重要的责任之一。有些幼儿可能更愿意跟玩具说话，因为他们感到更自在。可以试着给玩偶、木偶、毛绒动物、卡车玩具、球甚至拼图配上好玩的声音，让它们与幼儿进行对话！

托马斯老师看到，3岁的萨利娅正在戏剧游戏区静静地摆弄着她最喜的玩偶。托马斯老师决定与萨利娅建立联系，他走过去坐在萨利娅旁边的矮凳上。托马斯老师拿起另外一个玩偶，然后开始拓展萨利娅的学习。他操作着玩偶模仿小宝宝尖细的声音，与萨利娅的玩偶对话。两个玩偶轮流与对方"交谈"，托马斯老师和萨利娅不禁"咯咯"地笑了！

（3）**玩模仿性游戏**。模仿性游戏不仅能够逗幼儿发笑，还是拓展幼儿技能的好方法。你可以针对某个幼儿需要学习或者发展的技能，进行模仿性游戏。某些发音或词语、某一身体技能、数数或画画，都能够成为模仿性游戏的内容。不要忘了，你和幼儿要轮流担任游戏的主导者！

多丽丝老师扫视了一圈教室里4岁的幼儿，注意到马尔科正在用黄色六边形积木和红色梯形积木摆出一个有规律的图案（模式），而且非常享受其中。多丽丝老师分享了她观察到的情形，与马尔科建立了联系。然后，多丽丝老师决定开启一个新的模仿性游戏，把其他的积木引入其中，从而拓展马尔科的学习。她说："嗨，马尔科，和我一起玩模仿性游戏吧？"马尔科笑了笑说："没问题，多丽丝老师！"多丽丝老师说："你先来主导游戏，下一次是我。"每次马尔科添加了一块积木后，多丽丝老师都假装费劲地思考，然后告诉马尔科他摆得太难了。马尔科大声地笑了。轮到多丽丝老师主导游戏时，她引入了不同形状的积木，马尔科毫不犹豫地把这些积木添加到他的图案中。

（4）**玩语言游戏**。幼儿学习语言的速度惊人。他们着迷于新词语和这些新词语的组合方式。当你编造出一些新词、快速地说出无厘头的童谣、做有趣的手指游戏、背诵好玩的诗歌、给幼儿读幽默的故事时，就给幼儿创造了一个"词语王国"和一个令人兴奋的"游戏宝地"。读下面的故事，听听特雷莎老师与5岁的杰德在餐桌旁的对话。

特雷莎老师：杰德，我看到你今天的加餐是香蕉。我们给它起个新名字吧，就叫桑蕉。你觉得你的"桑蕉"怎么样？

杰德（咧嘴笑了）：我喜欢我的"桑蕉"！

特雷莎老师（眨眨眼）：噢，你正在吃"桑蕉"。戴维正在吃什么作为"雅餐"（加餐）？

杰德（大笑）：他正在吃"饼果"（苹果）！

（5）快乐运动。当你鼓励幼儿以有趣的新方式进行身体运动时，就是在支持他们的大肌肉动作和精细动作的发展。因为大脑和身体紧密相连，所以你也是在锻炼他们的心智。动动手指、动动脚趾、摇摇肩膀、踢踢腿、动动胳膊、蹦蹦跳跳，这些给所有的"舞者"都带来了快乐和学习的机会。

比尔老师打开收音机，开始播放动感的音乐。8个月大的塞缪尔向比尔老师爬去。"你是来找我跳舞的吗，塞缪尔？我喜欢和你一起跳舞！"说着，比尔老师跪下来，扶着塞缪尔，让他站好，然后抓住他的双手，采用不同的方式晃动他的身体，和他一起跳舞。音乐停止时，比尔老师和塞缪尔都笑得上气不接下气。

审视现实

也许，你认为自己并不是一个"有趣"的人。不要着急！注意什么能够引幼儿发笑，然后就从那里开始。你会发现，幼儿就是你那刚刚萌芽的幽默感的绝好听众。

审视现实

当笑声和幽默成为有力的互动的一部分时，师幼双方都会享受这一刻。讽刺永远不适合幼儿，因为幼儿只能从字面解读你的话，还不能理解你是在开玩笑。作为成年人，你必须对幼儿的文化和经验保持敏感性。

> 对幼儿来说，你的幽默感可能超出他的接受力。比如，幼儿可能情绪不佳，也可能感到与你在一起不是很放松。你可能也了解到，在某个幼儿的文化中，对于"笑"的阐释可能与你所在的文化不同，因此这个幼儿可能不会在幼儿园微笑或者大笑。你的观察技能是最好的侦查工具，能够帮你弄清楚可以在什么时间、什么地点，以什么方式以及与谁一起欢笑、玩闹、逗乐。

效果怎么样

幽默是拓展幼儿学习的一个绝妙的方法。寻找线索，证明饶有趣味的有力的互动正在产生积极的影响。

婴幼儿可能：

- 注意到喜欢大笑的人和有趣的人；
- 开始哼唱诙谐的童谣或词语，或者把他们最喜欢的有趣的故事书带来跟大家分享；
- 在你建议使用积木或者彩色方块玩模仿性游戏时很兴奋，因为他们知道会玩得很快乐，同时能学习形状、颜色和方位词。

你可能：

- 观察到唱歌、跳舞、欢笑等现象更多了；
- 发现自己开始更频繁地播放或者唱搞笑的歌曲，有些幼儿非常喜欢搞笑的歌曲，央求你定时播放或者唱给他们听；
- 笑得更多了，也许会利用幽默来引导幼儿的挑战性行为，打破与性格内向幼儿之间的僵局，缓解一天的紧张和压力，或者重新给自己注入能量。

切记

把欢笑和幽默添加到你的教学工具包中,并决定何时以及对谁使用,以便在有力的互动中拓展幼儿的学习。

策略9　提问

根据你对幼儿的了解以及幼儿此刻的行为向他们提问，以鼓励他们审视和描述自己的行为，解释自己的思考，或者与已有经验联系起来

　　提问能够促使幼儿开动脑筋，以新的方式进行思考。下面，几位教师谈论了提问的艺术，哪些话最能引起你的共鸣呢？

> "随着时间的推移，我越来越适应与幼儿对话，也感到越来越自在。我正在学习要问幼儿哪类问题，以便更好地了解他们知道什么以及他们是怎样思考的。"

> "我想方设法问幼儿一些问题，以便他们可以不断地谈谈自己的经验。我已经取得了一定的成功。幼儿的心灵变得更加开放了，我能够听到他们的想法。"

> "我的指导教师拍摄了我和一个幼儿玩乐高玩具的过程。回看录像时，

我很惊讶地听到，我竟然问了那么多问题，而且是一连串的问题。幼儿甚至没有时间思考，更别说回答了！"

知道要问幼儿哪类问题以及怎样提问，是一门需要花费时间和精力才能掌握的艺术。

问题和学习

你提出的问题将会影响幼儿能够从你这里学到什么，也将影响你对他们的了解，请比较下面两个例子。

在给一群3岁的幼儿读了一个故事后，亚当斯老师问："你们都喜欢这个故事吗？"15个幼儿异口同声地回答："喜欢！"

※ ※ ※

在自选活动时间，朱克老师走到4岁的亚丝明跟前，问道："亚丝明，我们今天在圆圈时间听的那个故事，你觉得怎么样？"亚丝明回答说："我喜欢小狗舔小男孩的那一段。"

亚当斯老师面向全班幼儿问了一个封闭式问题，幼儿只需回答"是"或"否"。朱克老师则在一对一的情境下，问了一个需要幼儿思考的问题。亚当斯老师的问题带来了异口同声的回答，而朱克老师的问题促使亚丝明反思这个故事，表达自己的见解。

在有力的互动中进行提问

在有力的互动中，你先是暂停一会儿做到"到场"，然后有意识地与幼儿建立个人联系，同时小幅度但又有目的地推动幼儿的学习向前一步。因此，在有力的互动中，问什么样的问题以及如何提问，对于幼儿对你的情感以及幼儿的思维和学习都有很大的影响。

以下是贾米拉老师和3岁的汉森之间进行的有力的互动。首先，贾米拉老师回顾了互动开始之前刚刚发生的事情,然后与汉森建立联系,并利用提问来拓展他的学习。

贾米拉老师看到,汉森正在玩水区旁看着马蒂玩耍。她环顾了教室一圈,发现一切看起来都非常平静。贾米拉老师意识到,她和汉森彼此之间还不是很了解,因为汉森几周前才来到这里。她想,现在是一个了解汉森的好机会,同时也可以尽量弄清楚他的语言发展情况。于是,她走过去,拉了一把矮凳子坐在汉森的轮椅旁。

贾米拉老师:嗨,汉森,你在玩水区旁发现了非常有趣的东西,一直在看呢。(等了一会儿)马蒂正在舀水,然后通过漏斗倒进那个大水罐(又静静等了一会儿)。

汉森的身体向老师倾斜了一些。

贾米拉老师:(指着水罐)看,水罐快满了!我想知道水满了后,马蒂要做什么呢?(他们谁也没说话,静静地看着)你和妹妹喜欢玩水吗?

汉森:萨拉(他点点头,突然睁大眼睛,指着马蒂)。

贾米拉老师:噢,你注意到水罐满了,马蒂准备做什么呢?

汉森:(大笑)倒掉!

贾米拉老师:我想,你的预测是对的!你认为,那个碗能盛下所有的水吗?

汉森:(耸了耸肩)我认为不能。

提问的艺术

就像本章开头提到的三位教师一样,贾米拉老师也正实践着在有力的互动中提问的艺术。注意看一下,她使用了哪些策略。

(1)**在沉默、评论和提问之间进行转换。**贾米拉老师非常小心,不把问题连珠炮似的甩向汉森,她经常停顿一会儿。她使用"我想知道"这种表述,让汉森准备回答问题——"我想知道水满了后,马蒂要做什么呢?""我想知道"这种表述能够让汉森进行思考,比起直接向他提问一个必须作答的问题,胁迫性相对弱得多。

（2）**问题要适合幼儿**。贾米拉老师意识到，她与汉森彼此还不太了解，所以她希望汉森对他们之间的互动感到安全和自在。因此，她问了汉森他能够轻松回答的问题。开始时，她问了一个简单的封闭式问题（"你和妹妹喜欢玩水吗？"），然后又问了一个温和的预测性问题（"马蒂准备做什么呢？"）。

（3）**提供一个可控制的挑战**。尽管对汉森来说，贾米拉老师的问题是温和的，不太具有挑战性，但这些问题仍然调动了他的大脑，使他更密切地进行观察并做出预测（"你认为，那个碗能盛下所有的水吗？"）。

像所有有力的互动策略一样，提问的艺术也需要你利用你对幼儿已有的了解，观察幼儿那一刻正在做什么，然后调整你的言行使其适合幼儿。贾米拉老师就是这样做的，相信你也能够做到。

有目的地选择问题

知晓各种各样的问题，并且储备大量的问题，你就能够针对幼儿个体和相应的情境选择最合适的问题。

有些问题需要快速、简洁的回答，一两个词即可，比如：

> 你有几根手指？
> 你的球是什么颜色的？
> 你喜欢这种汤吗？

有些问题需要更多的时间、更多的思考和更多的词语来回答，比如：

> 你的手指是怎样帮助你的？
> 对于这个球，你注意到了什么？
> 这个汤尝起来味道怎么样？

有时候，你希望邀请幼儿通过审视和描述来做出回答，比如：

> 关于那个贝壳，你注意到了什么？
> 今天来学校的路上，你看到了什么？

> _____看起来（摸起来／听起来／尝起来／闻起来）怎么样？
> 这两个球有什么相同（不同）之处？
> 你搭建的塔和宾迪搭建的塔有什么不同？

有时候，在当时的情境下，你需要通过提问来促使幼儿解释自己的思考，比如：
> 你是怎样决定把这些纽扣放在一组的？
> 当乔治拥抱你时，你有什么感觉？
> 你最喜欢这个故事的哪一部分？为什么？
> 你是怎样解决的？
> 你认为，那件事为什么会发生？

有时候，在当时的情境下，时机已经成熟，你希望通过提问来邀请幼儿将熟悉的事物和不熟悉的事物联系起来，比如：
> 类似这样的事情以前在你身上发生过吗？是什么事？
> 这让你想到了什么？
> 以前，你做过这样的事吗？
> 你还在什么地方见过它？
> 它让你想起了谁？为什么？

提问的技巧

（1）**观察在先**。花时间与幼儿待在一起，使用镜像对话向幼儿表明你对他正在做的事情感兴趣。提问之前，要先跟幼儿做到"同频共振"。

（2）**发出信号**。让幼儿知道你要提出问题，比如，你可以用手指点着自己的额头，或假装开动脑筋思考。

（3）**保持耐心**。要给予幼儿充足的时间思考。你可以静静地等待一会儿，也可以告诉幼儿沉默是没有问题的，比如："你思考吧，我等着。""安静地想一会儿吧。"

（4）**提醒自己**。在教室四周的墙上挂上"问题启动"的标牌，比如，"你注意到什么了？""你是怎么解决的？""它们有什么相同（不同）之处？""_____使你想到了什么？"

（5）**使问题个性化**。有些问题仅需要一个词语就能回答，有些问题则需要几个或许多个词语来回答。有些问题不需要太多的思考就能回答，有些问题则需要进行复杂的思考才能回答。在选择问题时，要考虑幼儿的认知和语言发展水平。同时，问题要与幼儿当前的兴趣相联系。

（6）**鹰架幼儿的回答**。如果幼儿很难做出回答，那么你可以给他提供一些帮助，比如：鼓励幼儿从几种答案中做出选择，给幼儿提供一个暗示或线索、一两个词语，或者提问更简单的问题。

（7）**接纳幼儿的各种回应**。针对不同的问题和情境，幼儿可能做出不同的回应，比如：耸肩，微笑，点头，采取行动，给你讲一个故事，使用一个词或使用很多词。

（8）**拓展幼儿的思考，享受你们之间的互动**。问题经常会带来精彩的对话，所以花时间与幼儿一起交谈和思考。比如，"把你的想法多告诉我一些，我从来没有这样考虑过，你的这个想法是从哪里来的？""前两天，你告诉我你对于那件事的一些想法。看来，这些天你一直在思考这件事。你还想到了什么？"

效果怎么样

观察和倾听幼儿，寻找线索来证明你在有力的互动中掌握了选择问题和提问的艺术。你可能注意到幼儿开始：

> 期待你的问题，比如，他可能对你说"你想让我告诉你，我注意到了什么吗？""我要解释一下我的思考过程吗？""我要告诉你，我是怎么解决的"；
> 提一些你问过的问题；
> 问他们自己的问题；
> 以更完整、更复杂的方式回答你的问题。

你可能也注意到，当你的提问技巧提高后，你开始享受有力的师幼互动了。

切记

在有力的师幼互动中进行提问是一门艺术，它需要时间和不断的练习才能掌握。你提出的问题要能促进幼儿以新的方式思考和回答。

策略 10　把新的与熟悉的联系起来

将新概念、新技能与幼儿的兴趣、经验或已有认知联系起来

你是否在听过某人的演讲后想："哦，真是左耳朵进、右耳朵出，我都不记得他讲过什么。"你是否在读过几页书后想："我前面刚读的是什么呢？"如果无法使我们看到的、读到的或听到的东西对自己有意义，我们往往就吸收不了，或者即使吸收了，也不会持续很久。

你是否有过这样的学习经历，即很难把学习内容与已有的认知或者兴趣联系起来？如果有，就与同事一起分享、交流吧。

新旧知识建立联系与学习

像成年人一样，只有当学习内容对幼儿有意义时，他们才能充分地学习、吸收。有意义的学习内容，是指与幼儿熟悉的事物相联系的内容，这些熟悉的事物包括幼儿的兴趣、经验或者已有生活认知等。

我们一起来看看露西娅！好学的露西娅肩膀上背着一个大背袋走进教室。你可能猜想，露西娅的背袋里装着点心或毛绒动物玩具。然而，你想象不到的是，她的背袋里装满了她从所处的文化和家庭中习得的态度、偏好、兴趣、知识、能力、记忆、经验和理解。她的背袋里都是让她感到熟悉的东西。她正在把她的生活带进你的教室。

作为露西娅的老师，你也有这样一个背袋，里面装的是你希望露西娅和班上其他幼儿学习的东西，而这些东西是你的文化、家庭和生活经验的一部分。

了解了露西娅的生活和你自己的生活后，你就能够帮助像露西娅这样的孩子看到，他们背袋里的东西与你背袋里的东西（既有幼儿熟悉的，也有幼儿陌生的）之间的某种联系，从而拓展他们的学习。

在有力的互动中把新知识与熟悉的事物联系起来

幼儿的生活经验与他们正在幼儿园学的新东西之间存在一定的距离，这就需要你的指导来缩短这种距离，进而使他们更容易吸收、理解、记住和使用新的思想、知识和技能。在与幼儿互动时创建这种学习上的联系，就会使师幼互动成为有力的互动。

阅读下面这个故事，思考娜塔莎老师是如何利用有力的互动来帮助2.5岁的维克托建立学习上的联系，使他更容易学习新的概念的。

维克托正在画一张五颜六色的画。娜塔莎老师认为，这是一个帮助维克托更多地了解颜色的好时机,于是她拉过一把椅子坐到维克托的旁边。

娜塔莎老师:维克托,你的画里用了这么多颜色啊!

维克托朝娜塔莎老师开心地笑了。

娜塔莎老师:你在画画时,一定想到了许多不同的东西。(她指着画上的棕色)我看到了棕色,我想知道你是不是想到了你的棕色小狗?

维克托:小狗。

娜塔莎老师:是的,你的小狗——"追猎者"!你喜欢你的棕色小狗,是吧?我在画上还看到一些橙色(她指着画上的橙色)。你肯定想到了什么橙色的东西。你家里有什么橙色的东西吗?

维克托:南瓜(维克托指着教室里一张桌子上的南瓜)。

娜塔莎老师:我应该猜到,你肯定注意到了我们的新南瓜。你总是能注意到每一样新东西!我还对你画里的另一种颜色很好奇。这一个大红点是怎么回事?你妈妈今天早上穿了一件红色毛衣。

维克托:妈妈。

娜塔莎老师:你妈妈有一件漂亮的红毛衣,她真幸运啊!我希望,我也能拥有一件红毛衣!你还要用什么颜色画呢,维克托?我都等不及要看了。几分钟后我再回来看。

思考一下,是什么促成了这次有力的互动?娜塔莎老师是怎样与维克托建立个人联系的?在整个互动中,娜塔莎老师说了什么、做了什么来与维克托持续建立联系?她是如何把新知识与维克托生活中熟悉的事物联系起来的,从而引导他的学习向前迈了一小步?

现在,把你的思考与下面的分析比较一下。

(1)**个人联系**。娜塔莎老师利用镜像对话与维克托建立了联系,她告诉维克托她看到了他正在做什么("维克托,你的画里用了这么多颜色啊!")。维克托因此确信,娜塔莎老师喜欢他。他能看到,娜塔莎老师对他做的事情很感兴趣,并且欣赏他所付出的努力。由此,娜塔莎老师打开了一扇门,从而可以增强与维克托之间的关系,并把维克托的学习往前推进一小步。

（2）**关系增强**。在整个有力的互动中，娜塔莎老师继续增强和加深与维克托的关系。她让维克托知道，她留意到了什么东西对他很重要（"你喜欢你的棕色小狗，是吧？"）。娜塔莎老师还肯定了维克托的强项——善于观察（"我应该猜到，你肯定注意到了我们的新南瓜。你总是能注意到每一样新东西！"）。娜塔莎老师向维克托保证，会与他保持联系（"你还要用什么颜色画呢，维克托？我都等不及要看了。几分钟后我再回来看。"）。

（3）**把生活经验与新概念联系起来，拓展学习**。在整个有力的互动中，娜塔莎老师为维克托创建了学习上的联系，把他的生活经验与新的颜色概念联系起来。她把维克托画作里的棕色与他喜欢的小狗联系起来，引导维克托把橙色与在教室里看到的一个物体联系起来，她还把红色与维克托妈妈的毛衣联系在一起。

把新的学习与熟悉的事物联系起来的技巧

下面这些建议有助于你在有力的互动中，帮助幼儿把新的学习与熟悉的事物联系起来。

（1）**把朗读的故事与幼儿个人的生活经验联系起来**。比如，"西蒙，你和家人乘车外出时，要系上安全带，对吧？可是，故事中的这个小女孩不想系安全带，我们来看看她是怎么解决这个问题的。""上周，你因为要搬去新家而不开心。这个故事里的小男孩跟你一样，他也不想搬家。"

（2）**把教室里的新材料与熟悉的材料联系起来**。比如，"这是要放在积木区的一些新积木，它们与其他积木有什么相同之处？有什么不同之处？""马西莫，我记得你以前告诉过我，你喜欢与妹妹一起玩'糖果乐园'游戏。我想，你会喜欢这个新游戏的，因为你需要把颜色匹配起来，就像你玩'糖果乐园'游戏那样。"

（3）**把新词语与熟悉的词语联系起来**。比如，"故事中的这只小熊刚才说它筋疲力尽了。你以前听说过这个成语吗，奥斯卡？你在幼儿园待了一整天后回到家，你可能觉得很累，这时你就可以说：'我筋疲力尽了！'试着说：'我筋疲力尽了！'""今天，在操场上有一项新的跨越障碍训练。你记不记得，上次我们也有一项新的跨越障碍训练？一开始你很犹豫，你看着其他小朋友做，然后你就去试了。今天，刚开始时你也可能会犹豫。不过，没关系，你可以先看着其他小朋友做。"

（4）通过"连接式问题"帮助幼儿把新知识和新理解与熟悉的经验联系起来。比如，"它让你想到了什么？你在其他什么地方听过它吗？""杰罗姆，这样的事情以前在你身上发生过吗？发生了什么？""那个人让你想起了谁？为什么？"

效果怎么样

随着你在有力的互动中把新知识与幼儿熟悉的事物联系起来，你可能会注意到，幼儿开始自己建立学习上的联系，不再需要你提供太多的帮助。寻找线索，证明个别幼儿正在这样做。

> 一个 2 岁的幼儿注意到图片上的小朋友跟他穿着一样颜色的衬衫，于是微笑着指着双方的衬衫。
> 一个 3 岁的幼儿在你读《熊爸爸》（*Papa Bear*）故事时说："我的爸爸。"
> 一个 4 岁的幼儿注意到教室里有一个新闹钟，于是说："这个闹钟和我家的闹钟几乎一样，只不过它是黑色的，我家的是蓝色的。"

切记

像露西娅一样，每个幼儿来到你的班级时都背着一个大背袋，里面装着他们的生活经验。你的工作就是察看他们的背袋里有什么，从而帮助他们把已有的经验与你想教给他们的新知识、新思想联系起来。幼儿家长是你的合作伙伴，他们可以帮助你了解幼儿的背袋里装着什么。比如：新学年伊始，你可以对幼儿家长进行问卷调查、与他们对话、进行家访；随着新学年的展开，你可以跟他们进行日常互动、召开家长会等。你与家长的关系，也在这多重的互动中得到了加强。

你的作用很重要

在本书开头,我们向你许下一个承诺。我们说,把有力的互动融入你的日常教学实践,将带来两项重要成果:幼儿会学到更多,你的教学也将会更加有效。纵观全书,大量研究都指出了师幼互动的积极影响。现在,我们来到了本书最后一章,我们希望你正在体验着这些成果。

你观察到,幼儿的活动投入度和学习发生了哪些变化呢?退后一步,好好欣赏你的教学是如何更有效的?

2011年,当我们撰写本书第一版时,我们遇到了一位新入职的幼儿教师——珍妮·莱文森,她很好奇地想要了解如何将有力的互动的三个步骤融入她的教学实践。现在几年过去了,她依然工作在幼儿教育的第一线,写文章,同时指导其他教师如何使用有力的互动。下面,她分享了她的智慧,请看看她的经历是否让你有似曾相识之感。

为了让幼儿了解测量的概念和方法,我花了一早上的时间精心地将各种量杯和容器放在玩水区。幼儿到达后,我向他们示范了如何使用这些材料。上午10点左右,我看到玩水区有个幼儿正在疯狂地往教室的地板上泼水。

我静静地走到玩水区,开始轻轻地把水从一个容器倒到另一个容器里。

沉默片刻后，我大声说出了我的想法："我想知道，我需要多少杯水才能把这个容器装满。"我请这个幼儿帮帮我。在她的兴趣被点燃后，我就离开了，但是离开前给她提出了一个挑战："我想知道，如果你把大容器里的水倒进这些小容器里，会发生什么呢？"我告诉她，我会回来查看的。我向她保证，我肯定会回来的。

记得有一次，一位同事问我："我们为幼儿规划了学习活动、创设了学习环境，可是他们要么对材料不感兴趣，要么不按照我们的投放意图使用它们，我们应该怎么办呢？"经过片刻的自我反省，我意识到答案在于教师。我们与幼儿、与材料的互动，才是最重要的。无论任何时候，教师的决定和互动都可以将幼儿（和成人）与学习材料、体验、目标联系起来。

作为教师，我们能够吸引幼儿参与活动并帮助他们持续专注于学习任务，我们永远都不应该低估我们的这个能力。仔细规划和有目的地使用材料很重要。但是，将幼儿与学习材料和学习目标联系起来的却是教师。我们通过有目的的和吸引人的互动来实现这一点。所以，下次当教室里再有"水灾"警报出现的时候，我将会牢记我学到的东西。

没有你，就没有有力的师幼互动！有力的师幼互动需要能量和信心。因此，在本书最后一章，我们想请你思考一下，你能采取什么方式来好好照料自己，以确保每天都能做到到场、与幼儿建立联系并拓展他们的学习，从而每天都能跟幼儿进行有力的互动！

能量——让你的能量杯保持充盈

幼儿教育工作很美妙、很幸福，但也时常让你觉得疲惫不堪。决定每天与一些幼儿进行有力的互动，不应该是一件让你望而却步的事情。现在，临近本书收尾，你会发现，这样做不仅可行，而且是令人满意、收获多多的，因为你看到幼儿更加投入、更有动力、更愿意学习。

但是，有力的互动的确需要你耗费能量（身体的、精神的、情感的以及创造力方面的能量）去决定如何与幼儿建立联系，以及如何以个性化的、有意义的、有目的的方式拓展幼儿的学习。

你怎么能够确定，你拥有足够的能量做到这些呢？

设想一下

设想一下，你的个人能量能够装满一个杯子8盎司①。不管你一天的活动是什么，不管你是提早起床还是熬到深夜，你都只有一杯的能量，这就是你的全部能量。现在设想一下，新的一天开始了。在一夜好眠之后，你的能量杯里装上了2/3的能量。享受了一顿健康的早餐和一首喜欢的歌曲后，你的能量杯里又注入了1/4的能量。之后，爱人给你的一

个大大的拥抱，或者女儿坐上公交车后的回眸一笑，将你的能量杯装满。

然后，你就动身去上班了。上班路上，你穿着新鞋不小心踩到了马路上的一个水坑里，或者堵在路上，或者想起把午餐盒落在家里厨房的灶台上了。此时，你的能量开始消耗了一些。

在幼儿园的一天中，总有一些互动和情境来消耗你的能量，但同时也有一些互动和情境能够赋予你能量，补充你的能量杯。

你无法避免或控制那些会消耗能量的互动，但你能够注意到能量在什么

---

① 既是重量单位，也是容量单位。1盎司等于29.57毫升，28.35克。——译者注

时候减少。一位教师说:"当我第三次要为一个幼儿系鞋带时,我知道,此时我的能量杯里只剩下 1/8 能量了。"

当你的能量杯空了的时候,你就很难(如果不是不可能)让自己与幼儿进行有力的互动。那一刻,你很难注意、倾听幼儿,进而做出适宜的决策来回应幼儿。你需要能量去充分利用内在的财富——热情、幽默感、好奇心、创造力、知识、技能,以及渴望改变和成长的意愿、灵活性。

你需要能量实施有力的互动的三个步骤。你的能量推动你做到"到场",这样你就能决定如何以最有效的方式与幼儿建立联系,拓展幼儿的学习。一旦你与幼儿进行了有力的互动,你就能够对自己说:"是的,我的作用确实很重要!"认为自己的教学很有效,这本身就是一个能量补给源,能再次让你的能量杯充满能量。

能量消耗

回顾一下,上周的哪些互动和情境消耗了你的能量?

能量补给

思考一下,一天中的什么赋予了你能量?简要记下三种能量补给源。

你可以把下面这些建议作为能量补给源储存好，以备不时之需。考虑一下哪些对你最有用，你也可以自行添加其他能量补给源。

（1）**寻找幽默**。

> 把幼儿所说、所做的好玩的事情简要记下来，在你需要能量的时候读一读。
> 把幼教工作中的趣事分享给同事、幼儿家长以及你的朋友和家人听。
> 寻找总是令你大笑的同事。

幼儿说的和做的最好玩的事情

> 点心时间，2 岁的拉奇塔在吃新鲜的菠萝时问："你能把菠萝上的刺挑出来吗？"
> 2.5 岁的内森站在那儿，看着公园里的两座雕像说："他们不是在说话，他们是被黏在一起了。"
> 4 岁的贾丝廷戴着一双紫色的新手套来了，老师赞美了她的紫色手套很可爱，她回答说："不，我戴的不是手套，它们还露着手指呢，等它们长大了，就是手套了。"
> 6.5 岁的阿伦长大后想当古生物学家。他对乳齿象的知识了如指掌，希望在自己家的后院养一头。他问当医生的妈妈："古生物学家晚上也会值班吗？"

（2）**设定先后顺序**。

> 制作一份待办事项清单，把事项分为"急""中""缓"。
> 把这些事项写下来，然后画掉所有不着急办的事项。
> 在本周想要完成的三件最重要的待办事项前打上星号，同时要确保这三件事是具体的、独立的。比如，"就昨天收集石头一事，在幼儿园的博客上写三句话"而不是"多与父母交流"。
> 从三件事中先选一件事去做。做完后用黑色的粗马克笔把它从待办事

项中画掉，这样你会获得更大的满足感！

（3）让你的场所充满个人风格。 这会让你更容易放松下来做自己。

- 确保室内外都有座位，如扶手椅、小沙发、带枕头的长凳或者木椅，这样你就能够舒服地坐下来和幼儿保持同一个高度，倾听、观察他们，和他们交谈。
- 在班级添加一些让你感到高兴和心情愉悦的东西，如你喜欢的一张海报、一张照片、一首诗、一束花、一首歌、一个你可以在课间休息时享用的新鲜杧果等。

（4）进行能量交换。 有时候，仅凭你自己很难把能量杯蓄满。找到方法，让你的团队成员之间进行能量互补，进而提升整个团队的能量。

- 轮流为每间教室或者教工休息室摆放一束鲜花。
- 每周抽出一天轮流携带健康、美味的点心到幼儿园，然后一起分享。
- 经常互相交流（比如，周末远足或做园艺之后是否浑身酸痛？一起谈谈如何在运动时间进行伸展锻炼）。
- 一起分担责任和压力。
  - 轮流密切监控需要额外留意的幼儿，比如：爱咬人的学步儿，或者对同伴说"脏话"的5岁幼儿，等等。
  - 留意彼此给出的暗示，或者设定一个"求救"信号，以便在对方需要时助他一臂之力。

（5）使能量补给源成为一日常规的一部分。

- 确保你和幼儿每天都在开展令人愉快的活动，如唱歌、读故事、去户外、制作松饼等。
- 与幼儿分享你的爱好，如跳舞、听音乐、做饭、读书、赏鸟、讲故事、弹吉他、做木工、慢跑等。设法把这些活动融入幼儿的集体活动或者小组活动计划。必要时做些调整，以确保这些活动对幼儿来说是安全的、快乐的。

> 午餐时间躺下来,闭上眼,放松 10 分钟。

信心——通过慢镜头回看自己

把日常互动变为有力的互动是需要信心的。为了做到"到场",你必须愿意退后一步,诚实地审视自己,然后调整自己以适应幼儿,而不是期待幼儿总是适应你。当你拥有自信时,你就能相信自己可以做出适宜的决策,以便与每个幼儿建立联系,即使所处的情境对你颇具挑战性,让你感觉十分恼火。有了信心,最终,你将尝试一种新的策略去拓展幼儿的学习,观察幼儿如何做出回应,并在必要时进行修正。信心来自你对自己行为的反思,来自你承认你的工作的重要性及有效性。

设想一下

设想一下,你正在电视机前观看一场体育赛事。得益于即时回放功能,当评论员们分析每一个动作的微小细节时,如四分卫触地得分、外场手精彩的接球、网球运动员漂亮的发球,你能够一遍又一遍地回看比赛中的关键时刻。

如果你的工作也得到同样的关注和对待,会怎样呢?毕竟,你的言行不仅影响着幼儿对自己的感受,也影响着他们的学习态度、发展方式和学习内容。有什么工作能比把幼儿塑造成他想成为的人更重要呢?

7 岁的奥斯汀正和奶奶一起乘坐火车出行。同一车厢里,还有一个坐着婴儿车的 3 岁小孩,她正在大声哭泣。

奥斯汀:奶奶,她哭是因为生气还是伤心呢?

奶奶:嗯……你认为呢?

奥斯汀:我觉得,她的哭声听上去很沮丧和愤怒,她可能想从婴儿车里出来。我上幼儿园那会儿,当我生气的时候,凯拉老师就会把我带到走廊,让我跑几圈。跑完，我的心情就好多了。如果是别的老师看到我不高兴，她就会告诉凯拉老师，然后凯拉老师就带我去走廊跑步。凯拉老师知道怎样让我的心情变好。她是我到现在为止遇到的最好的老师。她知道怎样帮助所有的孩子，让他们的心情变好。

你决定说什么、做什么以及如何去做，都将对幼儿的今天和未来产生重要的影响。你希望你所教的幼儿（以及同事和幼儿家长）怎么评论你呢？

像电视评论员通过即时回放分析四分卫、外场手或网球运动员的动作一样，如果你也能够通过即时回放，观看和分析你与幼儿的互动，以进一步提高你已经很专业的表现，那么会怎么样呢？

如果你能够回看自己的精彩表现，那么你可能会：

> 认识到，8个月大的弗雷迪在听到你严厉地与另一个幼儿谈话时，看起来很害怕。于是，你决定在与其他幼儿谈话时，更注意你说话的语气；

> 看到，当你用一只胳膊搂着2.5岁的克里斯时，他是如何沉下心来玩玩具的；

> 发现，当你集中注意时，你脸上的表情看起来很生气，这可能就是3岁的埃迪有时候会远离你的原因；

> 注意到，当你对玛嘉说"我看到你正在写小猫的故事"时，你分散了她的注意。于是，你决定下次要等到她抬头看你或暂停了手上的工作时，再进行评论。

在班级，你也可以创造"回放"的机会，通过"慢镜头"来审视你与幼儿互动时的言行。"当教师们分享彼此的故事并一起反思时，他们的个人成长和职业发展就得到了赋权，同时他们对自己和自己的教学的看法也会发生转变"（Escamilla & Meier，2018）。你能够反思你所做的决定，欣赏你的技巧，看看新策略对你有何作用，然后想出一些方法来改进教学。

以下是一些建议。

（1）**坚持写日记**。反思和记录你在有力的师幼互动中的感悟、观察和计划，从而对有力的互动进行书面回放。

（2）**与同事交谈**。把你的有力的师幼互动故事与同事交流，并和他们讨论哪些有效、幼儿是如何回应的，以及下次你要做出什么样的调整。

（3）**录制视频**。请同事帮你录制你与幼儿进行有力的互动的视频，然后独自或与同事一起观看视频。观看时要注意一些细节，比如：

> 你的语速、声调、身体语言和面部表情；
> 幼儿是如何回应你的；
> 如何使互动适合幼儿；
> 你使用的词汇和语言的多样性；
> 互动的内容焦点（比如，互动是否总是围绕相同的内容——数数、颜色或字母）。

（4）**与他人合作**。邀请你所信任的一个人来观察你。然后，请他把他看到的告诉你，并描述你与幼儿互动时的行为和语言。通常，我们很难正确地看待自己，我们的行为与我们的意图可能截然相反。因此，这种同伴间的合作能够给予你宝贵的反馈，帮助你提出问题、改进教学。

（5）**与同事一起构建专业学习共同体**。以本书为起点，你可以与同事一起就有力的互动开展聚焦式行动研究。每隔一段时间，你们可以一起阅读本书的章节，在课堂上践行书中的策略，然后聚在一起分享反思。

随着你越来越了解"到场"、如何与幼儿建立联系，以及如何拓展幼儿的学习，你就越能提高教学的有效性，增强教学的信心。当你思考与幼儿的有力的互动时，你自然就会与同事或他人一起讨论。你已经开始了对话！

保持对话的持续进行，有助于你更好地实现有力的互动，也有助于其他教师踏上有力的互动的旅程。实际上我们认为，它对幼儿教育大有裨益！

支持更大范围的对话

为了就"有力的互动"进行对话,你或其他人能够采取什么样的行动呢?

帕特老师的一天

在本书开头，我们就遇到了帕特老师。现在本书临近收尾，帕特老师邀请我们"偷窥"一下她对自己一天中所进行的有力的互动的反思。

帕特老师的班里有15个幼儿，虽然一整天她都在与幼儿进行日常互动，但她每天至少进行三次有力的互动。这样一周结束时，她就能够确保与每个幼儿至少进行了一次有意义的、有目的的互动。

就像你即将看到的那样，帕特老师发现，她可以利用幼儿每天放学后的10分钟思考这一天的有力的互动，策划如何跟进幼儿，找出明天需要与其进行有力的互动的三个幼儿，并开始对他们充满期待。

看到最后一名幼儿离园后，帕特老师端起一杯咖啡，拉把椅子坐到美术桌旁，像往常一样开始用10分钟在大脑里回放这一天。

今天所有的幼儿都来了。在入园时间，我与达肖恩建立了联系，进行了有力的互动。这让我感觉非常棒，因为达肖恩喜欢安静，我必须留意不能忽视他。

今天，当他的爸爸向我讲述他们周末踢足球的经历时，我与达肖恩的眼神交汇，并互相笑了笑。在他的爸爸离开后，达肖恩给我演示了如何踢球。"球踢到100公里外了。"他说这句话时非常有趣。"100公里可是很远的距离啊。"我告诉达肖恩。

最近，我们一直在学习测量的概念和方法。为了拓展他的学习，我决定和他玩一个关于距离的游戏。我迈了一大步，然后问道："你认为我迈了多远？"我们把这一步标记好，并用积木进行了测量。我的这一步有6块积木长。然后，达肖恩也走了一步。这时，另一个幼儿来园了，我解释说要去门口迎接她。当我再次回头看时发现，达肖恩正在用积木测量餐桌。他还邀请马塞勒斯加入。

今天上午晚些时候，我又与乔乔在户外进行了有力的互动。他不是一个健谈者，但他肯定知道自卸卡车的操纵杆是怎样工作的。一会儿，路过霍尔老师的教室时，我要进去借本书——《小小自卸卡车》(*The Little Dump*

Truck），在明天的阅读时间使用。嗯，这是巩固乔乔的兴趣的一个好方法。另外，我还要再借两顶结实的帽子，明天放在戏剧游戏区。

今天下午吃过点心后，我又发现了与幼儿进行第三次有力的互动的时机。马娅站在画架旁，想要跟她的工作服一样颜色的橙色颜料。"我有一个问题。"她告诉我。我听到了。这是一个绝佳的机会，可以帮助她与我们之前进行的关于调色的讨论建立联系。我问她是否还记得需要什么颜色来调制橙色。她没有像往常那样沮丧不安，而是开始实验。当她第二次把黄色和红色调在一起后，她的脸上挂满了笑容。我当时抓拍了一张照片，现在要加上文字说明。明天早上我一定要和她妈妈分享。

明天的计划是与阿尔琼、利娅和特里纳进行有力的互动。

以下是帕特老师的日记：

3月22日

今天孩子们都入园了。我与达肯恩、乔乔、马娅进行了有力的互动。

◎达肯恩：入园时间，当着他爸爸的面，我与他建立了联系。我了解到他喜欢足球，拓展了他对测量的学习。他花了十几分钟独自测量教室里的物体。之后，他告诉我这些物体有多大。

后续跟进：一定要把足球带到室外玩。在室外寻找新物体进行测量。

◎乔乔：对自卸卡车了解很多。

后续跟进：从霍尔老师那里借阅关于自卸卡车的书，在阅读时间使用。谈论操纵杆和卡车的其他部件。

◎马娅：对颜色实验感兴趣。

后续跟进：把照片给她妈妈看，并讲给她妈妈听。利用其他问题让马娅通过实验来拓展学习。

明日计划（3月23日）

◎阿尔琼：努力静下心来与他建立联系，解决他喜欢的小鸟拼图问题。

◎利娅：问问利娅的爸爸，他们父女俩与她妈妈（外派）最后一次进行视频聊天是在什么时候。寻找时间和利娅一起做发音和词语游戏，创作离家、回家的歌曲。这些都是利娅喜欢与妈妈一起做的事情。

◎特里纳：邀请她参观新的跨越障碍赛道，让她知道借助腿上的支架，她也能越过去。

结束语

我们希望你喜欢这本书，并在践行有力的互动的策略和技巧时，经常翻一下这本书。

> 在开展有力的互动时，我一开始就谨记，我也是一个终身学习者。
>
> ——幼儿教育工作者　克里斯蒂娜

我们为你提供了许多有趣的主意，也许有些是你熟悉的，有些是你感到陌生的。你记住了什么呢？

> 你有信心实施的一个策略。
> 案例中的某位老师。
> 故事中的某个幼儿。
> 能够帮你应对某个挑战的主意。
> 引起你微笑或大笑的事情。

不论哪些策略成为你的教学实践中的自然组成部分，我们都希望你记住：有力的互动真的很重要！

对话指导

以下问题抛砖引玉,可以指导你针对"有力的互动"进行对话和讨论。

第一步 到场

当你"到场"时,你的言行就是有目的的。

> 一天中,什么导致了你头脑里的静态噪声?
> 静态噪声如何干扰师幼互动?如何干扰教学的乐趣?如何干扰教师做出决策的能力?
> 有哪些方法可以让你的静态噪声安静下来,以便做到"到场",进行有力的互动?
> 回想一下,你曾经什么时候为了适应幼儿,调整你的声音或说话的速度?与同事分享这个故事。

当你践行有力的互动时:

> 践行第一步"到场"时,你注意到幼儿的什么?
> 在思考"自我检查"的第一个问题时(我能使大脑里的静态噪声安静下来吗?),你认为哪些方面成功了才能开始互动?
> 在思考"自我检查"的第二个问题时(我需要调整自己以便与这个幼儿建立联系吗?如果需要,我应该怎么做呢?),你认为哪些方面成功了才能开始互动?
> 在践行第一步"到场"时,实施方案有何改变?描述一下刚开始是什么样子,然后是如何改变的。

第二步 与幼儿建立联系

当你心情平和、心灵打开时,你可以利用你和幼儿之间存在的信任和安全感。

> 当你和某个幼儿建立个人联系时，是什么感觉？
> 你认为对一个幼儿来说，建立联系是什么感觉？如果幼儿能够思考并告诉你他对于建立联系的感觉，他会说些什么呢？
> 回想一下，是否有过和另一个人建立联系而有助于你学习的经历？
> 你目前使用哪些策略与幼儿建立联系呢？
> 第二步所探讨的建立联系的新策略中，有没有你想尝试的？

当你践行有力的互动时：

> 践行这一步对你的教学有哪些具体影响？
> 当你使用第二步与幼儿建立联系时，在越来越带有目的性且目的性越来越强的情况下，对于你与幼儿个体的关系，你注意到了什么？
> - 描述一段明显变好的关系。
> - 描述一段没有你想象中那么牢固的关系。你尝试过第二步中的什么策略？是什么阻碍你建立更牢固的关系？

> 对于第二步，你有哪些优势？（尽量具体）
> 为自己找出与第二步相关的一两个后续步骤。
> 幼儿发出什么样的信号让你知道已经建立了联系？
> - 想想你所教的幼儿，他们发出什么样的信号？
> - 回顾第二步每一种策略的"效果怎么样"部分。这一部分所强调的线索，都集中于幼儿、你自己、教室的氛围或物理环境、幼儿家庭。

第三步 拓展幼儿的学习

采用这一步时，你不仅要为幼儿示范如何学习，还要拓展幼儿的思维和知识。所有这些都要以适合幼儿的方式进行。

> 你如何决定拓展幼儿学习的方式？分享一个你为某个幼儿量身定制教

学的故事。你决定说什么和做什么？为什么？该幼儿的反应如何？你看到了什么线索能够证明幼儿的思维和学习已经向前发展了？
- 你目前使用哪些策略来拓展幼儿的学习？
- 第三步探讨的拓展学习的新策略中，有没有你想尝试的？

当你践行有力的互动时：
- 践行这一步对你的教学有哪些具体影响？
- 你使用第三步拓展幼儿的学习时，在越来越带有目的性且目的性越来越强的情况下，对于幼儿的学习和投入度，你注意到了什么？
  - 描述一次你拓展幼儿学习的互动。
  - 描述一次没有达到你期望的互动。下次你会采取哪些不同做法呢？

- 对于第三步，你有哪些优势？（尽量具体）
- 为自己找出与第三步相关的一两个后续步骤。
- 幼儿发出什么样的信号让你知道他的思维和学习已经得到了拓展？
  - 想想你所教的幼儿，他们发出什么样的信号？
  - 回顾第三步每一种策略的"效果怎么样"部分。这一部分所强调的线索都集中于幼儿、你自己、教室的氛围或物理环境、幼儿家庭。

参考文献*

Acar, I.H., S.-Y. Hong, & C. Wu. 2017. "Examining the Role of Teacher Presence and Scaffolding in Preschoolers' Peer Interactions." *European Early Childhood Education Research Journal* 25 (6): 866–84.

Amorsen, A., & M. Miller. 2017. "Children's Oral Language Development and Early Literacy Practices." *Educating Young Children* 23 (1): 24–27.

Bodrova, E., & D.J. Leong. 2007. *Tools of the Mind: The Vygotskian Approach to Early Childhood Education*. 2nd ed. Columbus, OH: Merrill/Prentice Hall.

Bodrova, E., & D.J. Leong. 2018. "Tools of the Mind: The Vygotskian-Based Early Childhood Program." *Journal of Cognitive Education and Psychology* 17 (3): 223–37.

Bowlby, J. 1982. *Attachment*. Vol. 1 of *Attachment and Loss*. 2nd ed. New York: Basic Books.

Chess, S., & A. Thomas. 1996. *Temperament: Theory and Practice*. New York: Brunner/Mazel.

Choi, J.Y., D. Horm, S. Jeon, & D. Ryu. 2018. "Do Stability of Care and Teacher–Child Interaction Quality Predict Child Outcomes in Head Start?" *Early Education and Development* 30 (3): 337–56.

Cooper, G., K. Hoffman, & B. Powell. 2017. "Circle of Security in Child Care: Putting Attachment Theory into Practice in Preschool Classrooms." *ZERO TO THREE* 37 (3): 27–34.

---

* 为了环保，也为了节省您的购书开支，本书参考文献不在此一一列出。如果您需要完整的参考文献，请通过电子邮箱 1012305542@qq.com 联系下载，或者登录 www.wqedu.com 下载。您在下载中遇到问题，可拨打 010-65181109 咨询。